Zeichnen Lernen

von

Markus Agerer

Zeichnen Lernen für Einsteiger

von Markus Agerer

Inhaltsverzeichnis

1 Einleitung   10
2 Zeichenwerkzeuge   14
3 Grundlagen des Zeichnens   22
4 Zeichentechniken   34
5 Übung – Einfache Körper zeichnen   48
6 Verschiedene Materialien zeichnen   62
7 Stillleben zeichnen   70
8 Natur zeichnen   82
9 Perspektivisch zeichnen   92
10 Landschaften zeichnen   116
11 Menschen zeichnen   128
12 Schlusswort   140
13 Quellen   142

Einleitung

» *Zeichnen heißt weglassen* «

- Max Liebermann -

1   Einleitung

Das Zeichnen ist ein wundervolles Hobby und ein großartiger Weg seinem künstlerischen Geist Ausdruck zu verleihen. Wer den ersten Schritt wagen will, kann mit diesem Buch die Grundlagen des Zeichnens lernen. Das Buch richtet sich vor allem an Anfänger aber auch an fortgeschrittene Zeichner.

Der Leser lernt, was eine Zeichnung ausmacht, wie man zeichnen lernt, welche Ausrüstung man benötigt, welche Grundtechniken existieren und wie man die eigenen Fähigkeiten verbessert. Das Hauptaugenmerk liegt dabei auf der grundlegenden Zeichentechnik und deren Anwendung. Somit vermittelt Dir dieses Buch das erforderliche Rüstzeug, um Dich fit zu machen für den tieferen Einstig in Themen, wie das Zeichnen von Tieren, Landschaftsbildern, Menschen und allem anderen.

Bleistiftzeichnung
(Vorlage: Die Erschaffung des Adam, Michelangelo Buonarroti)

Wenn Du dieses Buch in der vorgegebenen Reihenfolge durcharbeitest, hast Du den ersten großen Schritt bereits hinter Dir. Du solltest danach über die wichtigsten Grundlagen rund um das Thema Zeichnen verfügen. Dabei sammelst Du auch tiefergehendes Wissen, was Zeichentechnik, Tonwerte und Darstellungsmethoden angeht.

Da das Wichtigste beim Zeichnen jedoch das Üben ist, findest Du neben der Theorie auch viele passende Übungsbeispiele. Darin kannst Du das Erlernte direkt anwenden und Deine Fähigkeiten nach und nach verbessern. Die Übungen sind auch für Anfänger zu bewältigen und verfolgen immer wieder neue Lernziele. So kannst Du Deine Fähigkeiten kontinuierlich steigern.

Konstruktion einer Tasse und Schattierung durch Schraffur

Was ist eine Zeichnung?

Bei einer Zeichnung handelt es sich um eine Darstellung, die charakteristischer Weise mit Linien und Strichen erschaffen wird. Darin unterscheidet sich die Zeichnung von der Malerei, bei der Motive hauptsächlich mit Hilfe von Farben und Tonwerten dargestellt werden. Die Zeichnung gehört zur Kategorie der grafischen Darstellungen, neben Drucken, Mosaiken und Sgraffiti.

Zeichnerische Mittel

Für die Erstellung einer Zeichnung stehen bestimmte zeichnerische Mittel zur Verfügung, die sich in bildnerische und materielle Mittel einteilen lassen.

Mit bildnerischen Mitteln sind Techniken der Darstellung und Gestaltung gemeint. Genau genommen werden die bildnerischen Mittel Punkt, Linie, Fläche und das Hell-Dunkel eingesetzt. Materielle Mittel sind die Zeichenwerkzeuge. Uns stehen hier Grafitstift (Bleistift), Farbstift (Buntstift), Kohle, Kreide, Tusche und Tinte in Verbindung mit dem entsprechenden Zeichengerät wie Stift, Feder und Pinsel zur Verfügung. Je nachdem, welche bildnerischen Mittel beim Zeichnen verwendet werden sollen, bieten sich bestimmte materielle Mittel bevorzugt an. Hierzu aber mehr in den folgenden Kapiteln.

Bildnerische Mittel – Punkt, Linie, Fläche und Hell-Dunkel

Dieses Buch

Es ist wichtig und auch interessant zu wissen, welche Möglichkeiten innerhalb der Zeichenkunst existieren. Dem Künstler stehen unzählige Varianten zur Verfügung. Als Anfänger sollte man sich davon jedoch nicht verwirren lassen. Darum konzentrieren wir uns in diesem Buch auf das Wesentliche.

Ich beschreibe daher in erster Linien die Techniken der klassischen Zeichnung. Das ist der erste Schritt. Andere Techniken kann man danach erkunden, doch auch dann sind die Grundlagen, die in diesem Buch vermittelt werden, unerlässlich.

Zeichenwerkzeuge

» Ein Mann, der recht zu wirken denkt, muss auf das beste Werkzeug halten. «

- Johann Wolfgang von Goethe –

2 Zeichenwerkzeuge

An dieser Stelle werden die verschiedenen Zeichenwerkzeuge kurz beschrieben. Wenn man die verschiedenen materiellen Mittel und ihre Eigenschaften kennt, ist es einfacher abzuschätzen, wann sich welches Zeichenwerkzeug am besten eignet oder was einem persönlich am besten gefällt.

Bleistift / Grafitstift

Eines der wichtigsten Zeichenwerkzeuge ist der Bleistift bzw. Grafitstift. Die Bezeichnung Bleistift ist historisch bedingt und eigentlich falsch, da die Mine aus einem Grafit-Ton-Wasser-Gemisch besteht und nicht aus Blei.

Bleistifte haben große Vorteile: Man kann unterschiedlich starke Linien ziehen, indem man den Anpressdruck beim Zeichnen kontrolliert und man kann gezeichnete Linien wieder wegradieren. Durch verschiedene Härtegrade der Bleistiftminen lassen sich unterschiedliche Grautöne (Tonwerte) zeichnen.

Tusche & Tinte

Bei Tusche und Tinte handelt es sich um flüssige Zeichenmedien. Man zeichnet hier entweder klassisch mit Feder und Tusche- bzw. Tintenglas oder man greift auf Stifte zurück. Die Feder hat den Nachteil, dass man immer wieder ins Glas eintauchen muss und dadurch auch leicht mal kleckst.
Bei Stiften gibt es eine ganze Palette von unterschiedlichen Produkten. Darunter fallen zum Beispiel Fasermaler, die mit Tusche malen, sowie Kugelschreiber, Fineliner oder auch Tuscheroller.

Fineliner mit 0,3mm Stärke

Diese Stifte haben den Vorteil, dass man nicht ständig Tusche oder Tinte händisch nachfüllen muss, da das Zeichenmedium in einer Mine enthalten ist. Ist dieser Vorratsspeicher leer, kann er entweder ausgewechselt werden oder man muss einen neuen Stift verwenden.

Kreide / Pastellkreide

Pastellkreide eignet sich vor allem für farbige Zeichnungen bzw. Gemälde mit großen Farbflächen und weichen Farbverläufen. Der Farbauftrag kann dabei sehr zart oder auch kräftig sein. Typisch für Pastellgemälde sind jedoch die zarten Farbaufträge. Die Farbe lässt sich leicht mit dem Finger oder einem Wischwerkzeug verwischen.

Kohle

Auch mit Kohle kann man zeichnen. Die sogenannte Zeichenkohle ist verkohltes Holz. Die Zeichenkohle ist als Stäbchen sowie als Kohlestift erhältlich. Mit ihr kann man einen sehr kräftigen, dunklen Farbauftrag erreichen, wodurch man sehr ausdrucksstarke und kontrastreiche Zeichnungen erschaffen kann. Sie eignet sich außerdem sehr gut für die sogenannte Wisch-Technik, wodurch man auch großflächig zeichnen kann.

Farbstifte / Buntstifte

Ein Farbstift ist ein Stift mit einer farbigen Mine, die – wie beim Bleistift – von Holz ummantelt ist. Die farbige Mine besteht aus einem Gemisch aus Farbpigmenten, Fetten, Wachsen, Bindemittel, Talkum und Kaolin.

Farbstifte können qualitativ sehr unterschiedlich sein. Man sollte hier nicht die günstigsten Produkte wählen, da qualitativ schlechte Arbeitsmittel schnell die Freude am Zeichnen rauben können.

Weiteres Material zum Zeichnen

Papier

Nach dem Stift ist das Zweitwichtigste beim Zeichnen der Zeichengrund – also das Papier bzw. der Zeichenkarton. Der Zeichengrund ist maßgeblich für die erzielbare Qualität einer Zeichnung.

Unterschiedliche Zeichenpapiere

Wichtige Eigenschaften eines Zeichenkartons sind, neben dem Blattformat, die Rauheit und das qm-Gewicht (Gramm pro Quadratmeter). Beim Gewicht kann man sagen: Je höher, desto besser, da das Papier damit dicker und stabiler wird. Bei der Rauheit kommt es auf die persönlichen Bedürfnisse an.

Anspitzer

Mit dem Anspitzer (auch Spitzer) hält man Bleistifte und Farbstifte spitz und kann somit dünne, feine Linien zeichnen. Es gibt ihn in unterschiedlichen Varianten und Größen.

Für das Zeichnen ist eine handbetriebene Spitzmaschine empfehlenswert. Das Arbeiten damit ist angenehmer als mit einem normalen Spitzer. Außerdem passiert es hier deutlich seltener, dass beim Spitzen die Bleistiftspitze abbricht. Manche Künstler benutzen alternativ auch ein scharfes Messer, um ihre Stifte zu spitzen.

Radiergummi

Der Radiergummi ist kein so banales Werkzeug, wie man im ersten Gedankengang meinen könnte. Die Aufgabe eines Radiergummis ist natürlich das Entfernen von Strichen, die mit Grafitstift, Farbstift, Kreide etc. gezeichnet wurden.
Beim Zeichnen wird der Radierer aber auch häufig gezielt eingesetzt, um damit kleine Details herauszuarbeiten – zum Beispiel kleine Lichtpunkte oder Lichtkanten. Eine andere Aufgabe beim Zeichnen kann auch das Verwischen sein.

Die verschiedenen Arten von Radiergummis sind: harter Radiergummi, weicher Radiergummi, Radierstift und Knetradiergummi.

Harter Radiergummi

Mit einem harten Radiergummi kann man auch starke Zeichenstriche und teilweise auch Tusche entfernen. Er bildet eine relativ scharfe Kante, mit der man auch Details radieren kann.
Problem bei einem harten Radierer ist, dass er die Blattstruktur verletzen kann. Auf so aufgerautem Papier fällt das Zeichnen schwerer.

Radiergummi, Knetradiergummi & Radierstift

Weicher Radiergummi

Ein weicher Radierer ist sehr viel schonender zum Papier als ein harter. Der Farbabtrag, den man mit dem weichen Radierer erzielen kann, ist jedoch auch geringer.

Radierstift

Mit dem Radierstift kann man vor allem feine Details in Zeichnungen herausarbeiten. Der Radierstift lässt sich dazu anspitzen. Es gibt Stifte mit einer harten und einer weichen Seite. Die weiche Seite eignet sich zusätzlich gut, um damit die Wischtechnik einzusetzen.

Knetradiergummi

Die Besonderheit des Knetradiergummis ist seine Modellierbarkeit. Er kann Teile der Zeichnung nur durch das Aufdrücken auf dem Papier entfernen. Dies gelingt vor allem bei losen Zeichentechniken wie Kohle und Pastellkreide sehr gut, aber auch bei Bleistiftzeichnungen. Die Formbarkeit ist gerade hier ein großer Vorteil. Der Knetradiergummi ist schonend für das Papier, kann jedoch Gezeichnetes nicht vollständig entfernen.

Grundlagen des Zeichnens

» Zeichnen ist die Kunst, Striche spazieren zuführen «

- Paul Klee -

3 Grundlagen des Zeichnens

Einfache zeichnerische Übungen bilden die Grundlage für die ersten Schritte. Lerne dein Zeichenwerkzeug kennen und entwickle ein erstes Verständnis für die Zeichentechnik und die Abbildung von Formen.

Zu den Grundlagen des Zeichnens gehört auch das Wissen über die Gestaltungsmittel des Zeichners.

Zeichnerische Gestaltungsmittel

Unter dem Begriff *zeichnerische Gestaltungsmittel* kann man in erster Linie den Punkt und die Linie verstehen, aber auch Struktur, Fläche und Hell-Dunkel-Differenzierung zählen dazu. Mindestens eines dieser Gestaltungsmittel ist in jeder Zeichnung anzutreffen – zumeist sind es jedoch mehrere.

Der Punkt ist das kleinste und unscheinbarste Element in einer Zeichnung. Die Linie nimmt im Punkt ihren Anfang und kann in unterschiedlicher Weise eingesetzt werden: Als Umriss eines Körpers, als Bewegungsspuren, zur Beschreibung von Formen und vieles Mehr.

Durch das Zeichnen von Punkten bzw. Linien auf dem Papier kannst du Flächen, Hell-Dunkel-Differenzierungen, Schraffuren und Strukturen entstehen lassen. Steuern kannst du dies durch den Verlauf, die Verteilung und die Verdichtung von Punkten bzw. Linien.

Übung zeichnerische Gestaltungsmittel

Linie

Versuche in ein paar einfachen Übungen die Gestaltungsmittel des Zeichners anzuwenden. Wir starten mit der Linie. Zeichne also Linien in unterschiedlicher Form und unterschiedlicher Dynamik: Gerade Linien, geschwungene Linien, Linien mit Bedacht gezogen oder auch mit Temperament – alles ist erlaubt.

Diese einfachen Übungen sind vor allem für Anfänger interessant und werden dich ein wenig auflockern. Doch auch für erfahrenere Zeichner ist die Lektion sinnvoll, da es hier um Grundfertigkeiten geht.

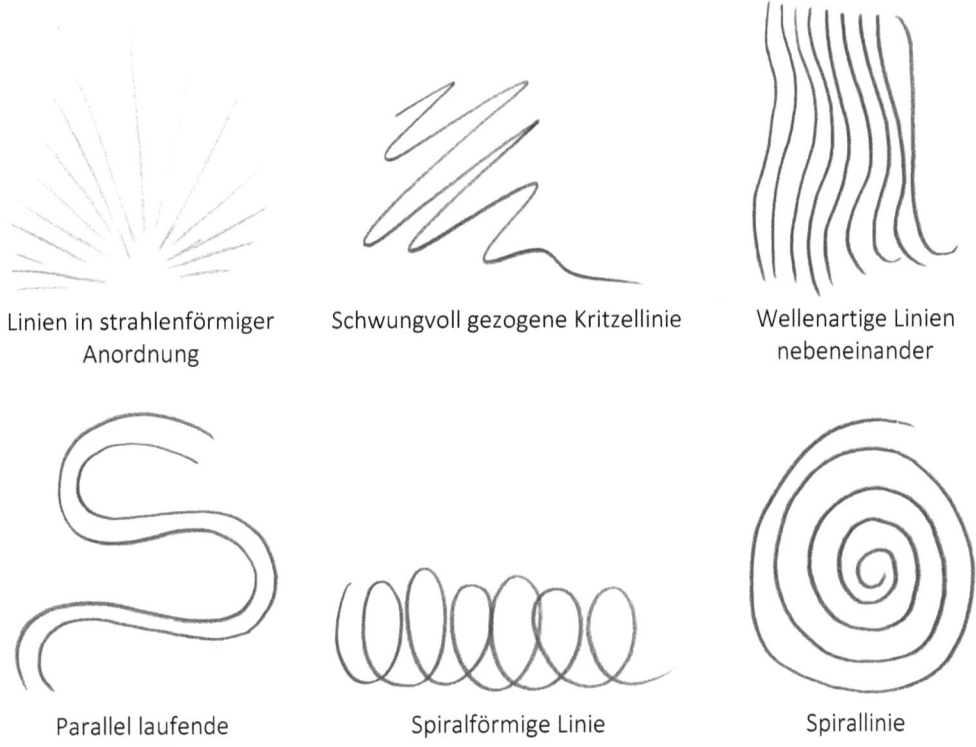

Linien in strahlenförmiger Anordnung

Schwungvoll gezogene Kritzellinie

Wellenartige Linien nebeneinander

Parallel laufende Schlangenlinien

Spiralförmige Linie

Spirallinie

Struktur

Auch Strukturen lassen sich mit Linien darstellen. Strukturen sind von Schraffuren zu differenzieren, da Strukturen in der Regel nicht gleichmäßig sind. Jede Linie einer Struktur kann sich in Form, Richtung, Strichstärke und Länge unterscheiden. Selbst innerhalb der einzelnen Linie können sich diese Eigenschaften verändern. Die Linien in einer Struktur müssen auch nicht den gleichen Abstand zueinander haben. Strukturen sind also ein gestalterisches Mittel, mit dem man auch einen gewissen Rhythmus darstellen kann. Hierdurch kann man Spannung in einem Bild erzeugen und Effekte einbringen, die besonders interessant wirken.

Schachbrettartige Struktur
mit Linien im 45°-Winkel

Struktur mit ungeordneten
Linienserien

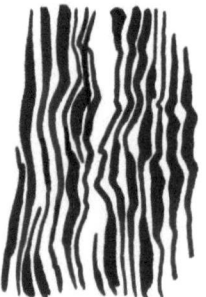

Baumrindenartige
Struktur

Struktur mit dünner
werdenden Linien

Holzartige Struktur

Natürlich wirkende
Struktur

Die Fläche

Die Fläche ist ein zeichnerisches Gestaltungsmittel, bei dem zwangsläufig eine bestimmte Zeichentechnik ausgewählt werden muss. Zeichentechniken für flächiges arbeiten sind die Schraffur, Schummern, Wischen und Lavieren. Beim Schraffieren wird die Fläche zusätzlich mit einer gleichmäßigen Struktur gestaltet. Nebenbei folgt durch die Darstellung mehrerer Flächen automatisch der Einsatz des Gestaltungsmittels „Hell-Dunkel", da mehrere Flächen durch unterschiedliche Tonwerte gebildet werden.

gleichmäßige Fläche

kontrastierte Fläche

verteilte Flächen

geformte Fläche

Negativzeichnung einer Fläche

tropfenartige Flächen

Bildbeispiele

Die folgenden Bildbeispiele veranschaulichen die Möglichkeiten, die man mit dem Einsatz von einfachen zeichnerischen Gestaltungsmitteln hat. Ohne aufwendigere Techniken anzuwenden, wie zum Beispiel Hell-Dunkel-Verläufe mittels Schraffur, lassen sich bereits ausdrucksstarke Zeichnungen erschaffen.

Linienzeichnung eines Stuhls

ınt gezeichnet mit Linien, Flächen und Stru

Kahler Baum durch den Einsatz von Fläche und Linie

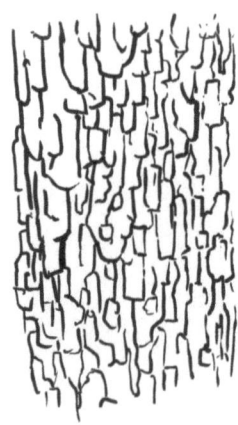

Struktur-Zeichnung zur Darstellung von Baumrinde

Einfache Formen zeichnen

Eine weitere gute Übung ist das Zeichnen von Grundformen. Gemeint sind einfache geometrische Figuren, die lediglich zweidimensional sind. In den Bildern unten findest du Beispiele zum Nachzeichnen. Du kannst dir auch weitere eigene Formen ausdenken und diese skizzieren. Das Üben dieser Grundformen ist sinnvoll, da man ihnen immer wieder beim Zeichnen unterschiedlichster Motive begegnet.

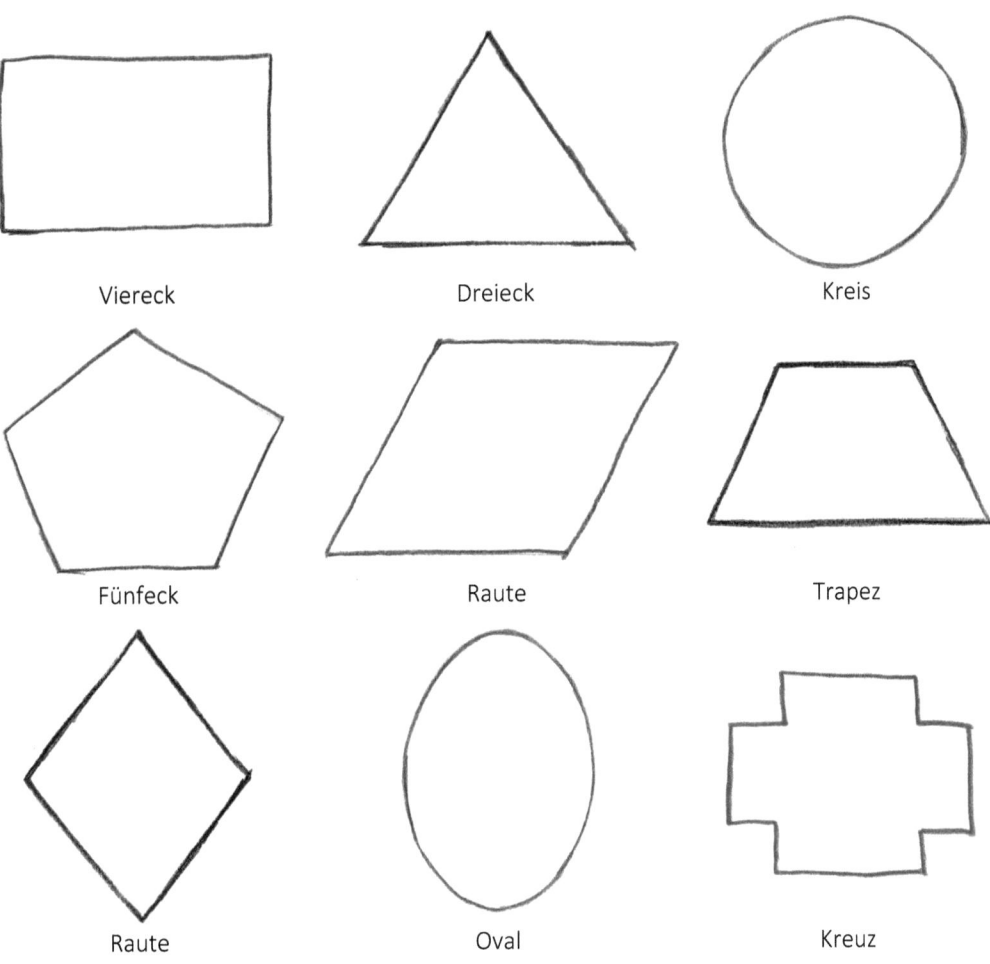

Viereck	Dreieck	Kreis
Fünfeck	Raute	Trapez
Raute	Oval	Kreuz

Dreidimensionale Körper darstellen

In den vorhergehenden Beispielen und Übungen haben wir uns auf die Darstellung von Linien, Flächen und größtenteils zweidimensionalen Motiven beschränkt. Raum und Tiefe haben wir bislang höchstens über Flächen abgebildet. Nun gehen wir einen Schritt weiter und versuchen echte Körper zu zeichnen.

Unter dem Begriff *Körper* ist eine geometrische Figur zu verstehen, die einen bestimmten Raum einnimmt und somit dreidimensional ist. Körper zu zeichnen ist deutlich anspruchsvoller, als das Skizzieren von zweidimensionalen Formen. Aus diesem Grund werden wir mit den einfachsten Objekten beginnen und uns langsam steigern.

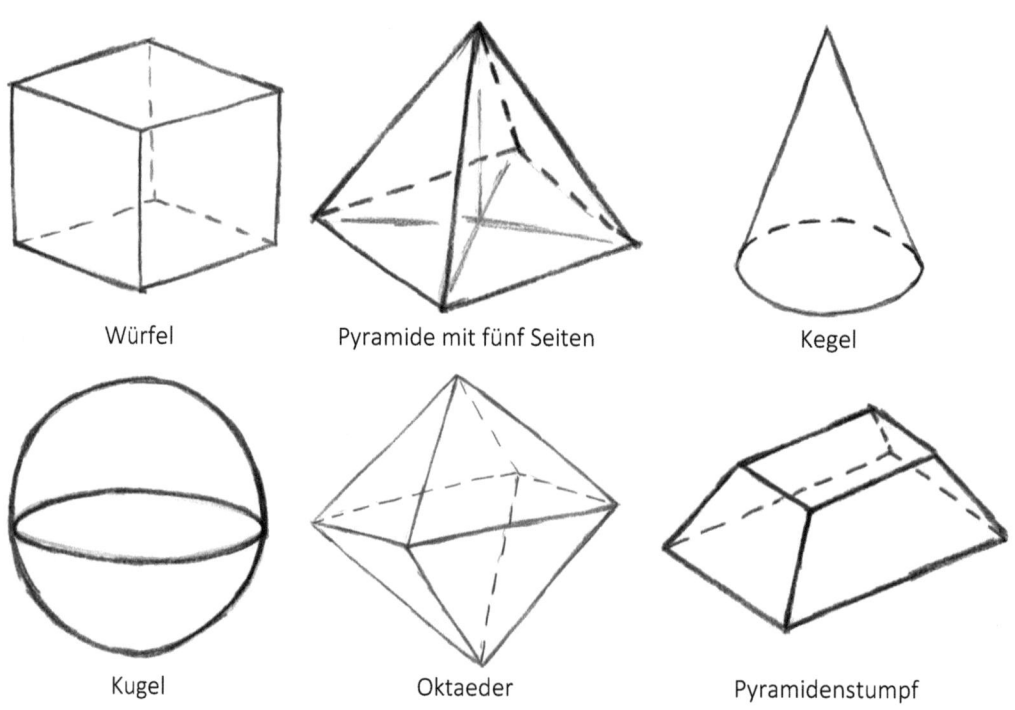

| Würfel | Pyramide mit fünf Seiten | Kegel |

| Kugel | Oktaeder | Pyramidenstumpf |

Von der Fläche in den Raum

Der Unterschied zwischen zweidimensionalen Formen und dreidimensionalen Körpern wurde bereits beschrieben. Um die Bedeutung jedoch nochmals hervorzuheben, folgt ein anschauliches Beispiel.

Anhand der folgenden Zeichnungen kannst du nachvollziehen, wie eine Zeichnung nach und nach den zweidimensionalen Raum verlässt und sich in eine vollkommen räumliche Darstellung verwandelt. Als Motiv dient uns ein Lastwagen.

Schritt 1:
Rein zweidimensionale Zeichnung

Schritt 2:
Erste Erweiterung in die Tiefe

Schritt 3:
Komplexere Erweiterung in die Tiefe

Schritt 4:
Perspektivische Darstellung von schräg vorne

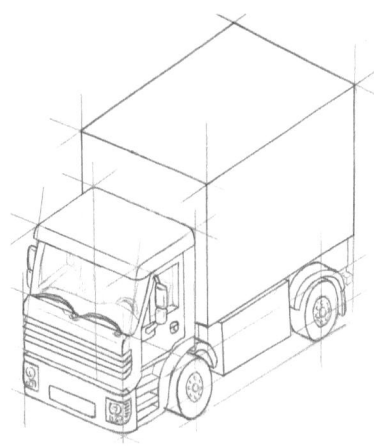

Noch realistischer, aber auch aufwendiger, wird die dreidimensionale Darstellung von Objekten, durch den Einsatz der sogenannten Fluchtpunktperspektive. Bei dieser Zeichenmethode wird auch die perspektivische Verzerrung dargestellt, die wir in der Realität wahrnehmen.

Eine Zeichnung des Trucks in einer Fluchtpunktperspektive findest du im folgenden Bild.

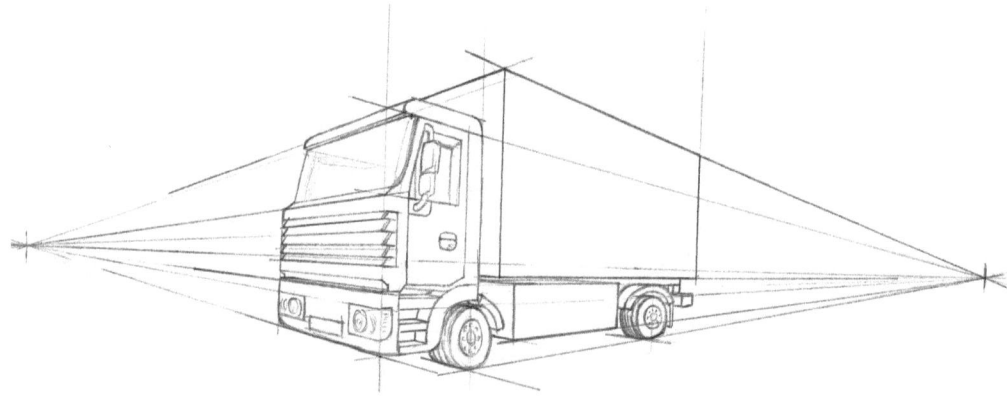

Die Darstellungsmethode mit Fluchtpunkten werden wir in einem der folgenden Kapitel des Buchs genauer kennenlernen. Falls du danach noch mehr darüber erfahren möchtest, empfehle ich mein Buch:

„Perspektive & Raum zeichnen: Die Grundlagen des perspektivischen Zeichnens"

Das Beispiel mit dem Lastwagen demonstriert sehr gut, was es bedeutet dreidimensionale Körper darzustellen. Kenntnisse in diesem Bereich machen jedoch auch in der Landschaftsdarstellung Sinn, da auch Motive einer Landschaft räumliche Körper sind.

Die Skizze mit der Berglandschaft zeigt ein Beispiel für räumliche Körper in einer Landschaft. Die beste räumliche Wirkung erzielt man mit der Abbildung von Schatten. Wie man Schatten am besten darstellen kann, wirst du in einem der folgenden Kapitel lernen.

Zeichentechniken

» Im Entwurf, da zeigt sich das Talent, in der Ausführung die Kunst. «

- Marie Freifrau von Ebner-Eschenbach -

4 Zeichentechniken

Was versteht man unter den *Methoden der Zeichentechnik* und wofür braucht man sie? Beide Fragen erklären sich in einem Zug: Ganz einfach beschrieben, verwendet man eine bestimmte Methode der Zeichentechnik sobald man zeichnet. Vor allem dann, wenn man eine Fläche mit einem Grauton ausfüllen will, muss man sich für eine Methode entscheiden. Man hat dabei die Wahl zwischen Techniken wie z.B. dem Schummern, Schraffieren oder Wischen. Grautöne werden in der Fachsprache außerdem auch als Tonwerte bezeichnet.

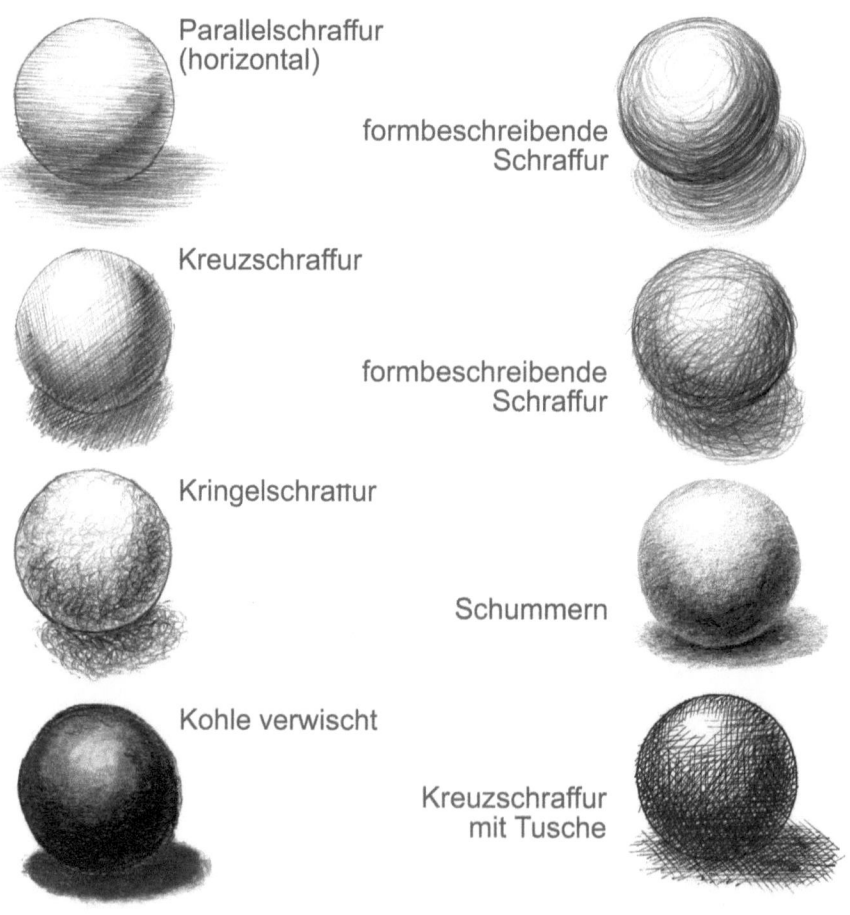

Parallelschraffur
(horizontal)

formbeschreibende
Schraffur

Kreuzschraffur

formbeschreibende
Schraffur

Kringelschraffur

Schummern

Kohle verwischt

Kreuzschraffur
mit Tusche

Die wichtigste und wahrscheinlich am häufigsten verwendete Zeichentechnik ist - neben der Linie als solches - die Schraffur. In diesem Buch werden wir uns daher besonders mit dieser Zeichentechnik auseinandersetzen. Weitere wichtige Zeichentechniken, die du in diesem Buch kennenlernen wirst, sind die folgenden:

- Schraffur
- Schummern
- Verwischen
- Lavieren

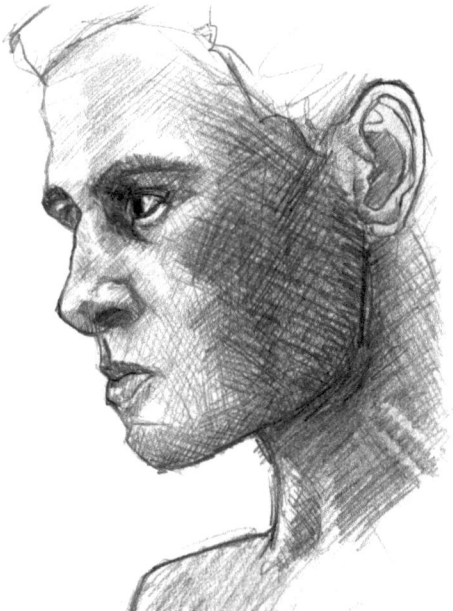

Schraffur bei einer Portraitzeichnung

Zeichentechnik 1 – Die Schraffur

Bei einer Schraffur wird eine Reihe von Linien in der Regel parallel zueinander in gleichem Abstand gezeichnet. Dabei können auch mehrere Schraffuren in unterschiedlichem Winkel übereinander gezeichnet werden. Zeichnet man Linien nur in eine Richtung, spricht man von einer Parallelschraffur. Wenn Schraffuren in mindestens zwei unterschiedlichen Winkeln gezeichnet werden, nennt man dies eine Kreuzschraffur.

Parallelschraffur, Kreuzschraffur mit zwei Richtungen, Kreuzschraffur mit drei Richtungen

Ziel beim Schraffieren ist die Erzeugung eines bestimmten Tonwerts. Der Tonwert ergibt sich aus der Vermischung der Linien mit dem weißen Papier, das zwischen den Linien hervorscheint. Für den Betrachter vermischen sich Linien und Untergrund zu einem einheitlichen Grauton.

Tonwerte mit Schraffur erzeugen

Es gibt verschiedene Möglichkeiten, hellere und dunklere Flächen mit Schraffur zu zeichnen. Im Folgenden werden alle Methoden beschrieben.

Methode 1: Liniendichte

Durch das Verdichten der Linien einer Schraffur kann man den Tonwert dunkler gestalten. Auch durch Überlagern mit einer weiteren Schraffur mit anderer Ausrichtung kann man das Liniennetz verdichten und den Gesamttonwert verdunkeln. Will man eine Schraffur hingegen heller gestalten, muss man die Linien mit größerem Abstand zueinander zeichnen.

Verdunkeln des Tonwerts durch Veränderung der Liniendichte

Verdunkeln des Tonwerts durch zusätzliche Schraffuren in anderer Ausrichtung

Zeichnet man mit Tusche, wird hauptsächlich diese Methode angewendet. Einzige Alternative wäre hier das Verdünnen der Tusche mit Wasser, um hellere Linien zu zeichnen.

Methode 2: Anpressdruck des Bleistifts

Zeichnet man mit dem Bleistift, hat man auch die Möglichkeit den Anpressdruck des Stifts zu kontrollieren. Drückt man stärker auf, werden die Linien dicker und dunkler, wodurch automatisch ein dunklerer Tonwert dargestellt wird. Zeichnet man die Schraffur hingegen mit nur wenig Druck, werden die Linien dünner und heller. Auf diese Weise lassen sich dichte Schraffuren zeichnen, die immer noch einem hellen Grauton entsprechen.

Verschiedene Schraffuren mit unterschiedlichem Anpressdruck gezeichnet

Methode 3: Härtegrad des Bleistifts

Man kann auch Bleistifte unterschiedlicher Härte verwenden, um damit hellere und dunklere Schraffuren zu zeichnen. Harte Bleistifte erzeugen einen hellen Grauton, während weiche Stifte einen dunklen Grauton erschaffen.

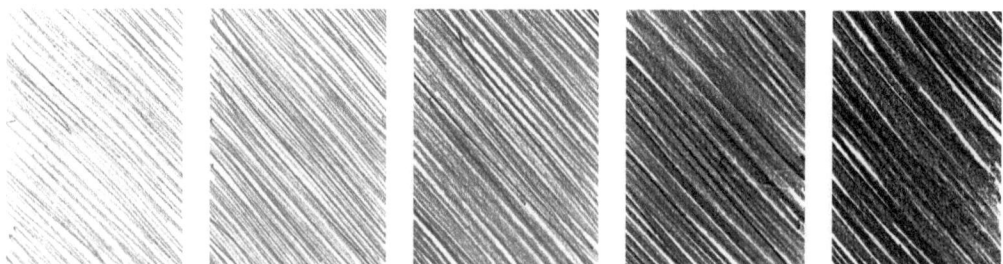

Schraffuren mit den Bleistifthärten 2H, H, HB, 2B und 6B (von links nach rechts)

Besondere Schraffuren & Stile

Formbeschreibende Schraffur

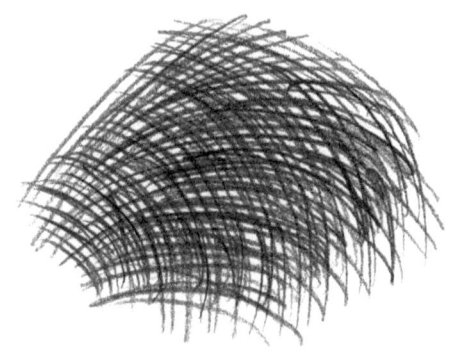

Mittels Schraffur kann die Form eines Körpers zusätzlich verdeutlicht werden. Die Schraffur folgt hier also der Form eines Körpers. Diese sogenannte formbeschreibende Schraffur eignet sich vor allem bei Objekten mit konvexer oder konkaver Geometrie.

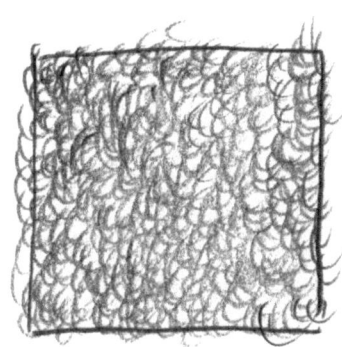

Kringelschraffur

Eine andere Variante sind zum Beispiel Kringellinien, mit denen man auch durch Schraffur eine gewisse Struktur oder Oberflächenbeschaffenheit vermitteln kann.

Schraffurgruppen

Sehr interessant und lebendig wirkende Schraffuren erhält man, indem man kleine Gruppen aus parallelen Linien immer wieder in unterschiedlicher Ausrichtung zeichnet.

Zeichentechnik 2 – Schummern

Beim Schummern zeichnet man mit der Breitseite des Stifts, indem man diesen in einem relativ flachen Winkel zum Papier hält. Man kann diese Technik mit einem Bleistift/Grafitstift, Farbstift, Kohle und Pastellkreide anwenden.

Durch Schummern kann man sehr schnell und einfach große Flächen füllen, ohne dabei eine besonders versierte Technik beherrschen zu müssen. Oft wird das Schummern als eine eher unsaubere Technik betrachtet. Zudem handelt es sich hier bereits um eine Zeichentechnik, bei der keine Striche und Linien sichtbar sind, womit die klassischen Kriterien einer Zeichnung nicht mehr erfüllt sind.

Im Vergleich zum Schummern sind die optischen Ergebnisse einer Schraffur häufig beeindruckender und die charakteristische Handschrift des Zeichners kommt deutlicher zum Vorschein.

geschummerte Fläche

geschummerter Tonwertverlauf

Zeichentechnik 3 – Wischen

Die Wischtechnik kann man mit Bleistift, Farbstift, Kreide und Kohle anwenden. Vor allem die losen Zeichenmedien – Kreide und Kohle – eigenen sich hervorragend zum Verwischen.

Bei der Wischtechnik wird eine zuvor gezeichnete Fläche mit dem Finger oder einem Wischwerkzeug verwischt. Auf diese Weise kann man sehr schnell auch große Flächen ausfüllen und besonders weiche Hell-Dunkel-Verläufe schaffen.

Kohleschraffur nach oben rechts gewischt

Zu beachten: Beim Verwischen ist man bereits an der Grenze zwischen Zeichnung und Malerei, da kaum noch Striche oder Linien zu sehen sind.

Die Wischtechnik gelingt in drei Schritten: Als erstes zeichnet man eine Fläche - zum Beispiel mit Zeichenkohle. Dann verwendet man ein Wischwerkzeug wie zum Beispiel ein Estompe, um die Fläche in eine Richtung zu verwischen. Am Ende kann man die Kohle noch weiter über die gezeichnete Fläche hinaus verwischen, um einen Tonwertverlauf zu erzeugen.

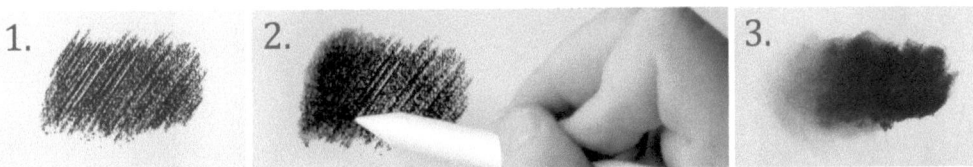

Wischen in drei Schritten

Zeichentechnik 4 – Lavieren

Die Technik des Lavierens wird in Verbindung mit Tusche und Tinte angewendet. Man bringt die Farbe wie bei der Aquarellmalerei mit einem Pinsel auf, um damit Schattierungen und Tönungen darzustellen. Um Tusche oder Tinte transparent aufzubringen, wird sie mit Wasser vermischt.

Oft werden Federzeichnung und Pinselzeichnung kombiniert. So entstehen mit Feder und Tusche gezeichnete Umrisse und Strukturen, die dann durch Lavieren schattiert werden.

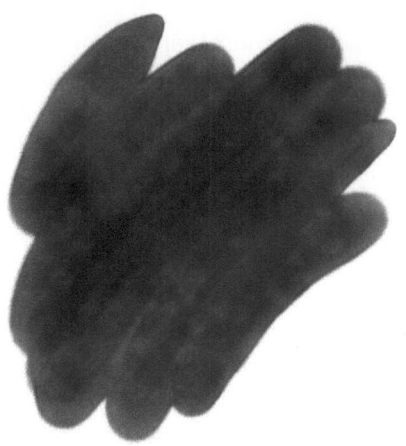

4.1 Schatten zeichnen

Wir haben in den vorhergehenden Kapiteln erfahren, wie man Objekte räumlich zeichnen kann. Außerdem haben wir Techniken wie die Schraffur kennengelernt, um Tonwerte darzustellen.
Durch die Kombination dieser Kenntnisse, ist es uns möglich Motive mit Schatten zu zeichnen. Durch die Darstellung von Schatten kann man Objekte erst richtig plastisch – also räumlich – aussehen lassen.

Licht & Schatten

Voraussetzung für die Darstellung von Schatten ist das entsprechende Grundwissen über das Zusammenwirken von Licht und Schatten. Bekannt ist uns allen, dass Schatten überall dort entstehen, wo das Licht nicht hingelangt.

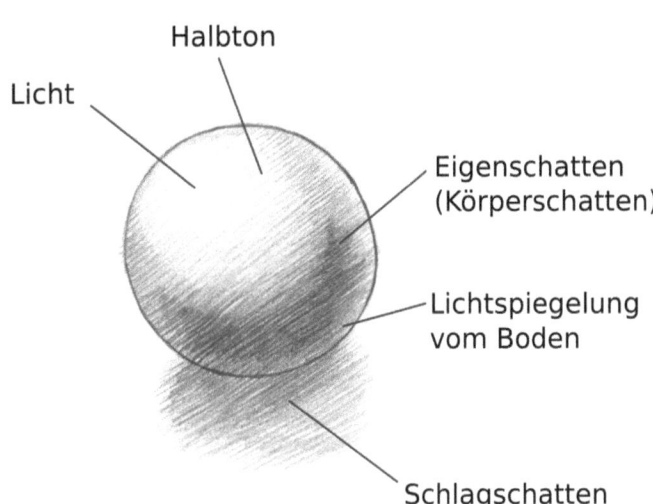

Halbton

Licht

Eigenschatten (Körperschatten)

Lichtspiegelung vom Boden

Schlagschatten

Scheint die Sonne zum Beispiel auf eine Mauer, ist diese auf der einen Seite hell beleuchtet, während sie auf der anderen Seite dunkel bleibt. Doch nicht nur die Mauer selbst ist auf einer Seite dunkel, auch auf dem Boden entsteht ein Schatten, der von der Mauer geworfen wird.

Schatten konstruieren und zeichnen

Um die Schatten korrekt wiederzugeben, hat man am besten eine Vorlage, von der man abzeichnen kann (sei es ein reales Zeichenobjekt oder eine Fotovorlage). Ansonsten kann man sich zumindest bei einfachen Körpern die Schatten selbst konstruieren.

Hierfür muss man festlegen an welcher Position sich die (imaginäre) Lichtquelle befindet. Daraus ergibt sich dann der Einfallswinkel und Richtungswinkel des Lichts. Damit kann man dann einen Schatten selbst konstruieren, so wie es in der folgenden Zeichnung zu sehen ist.

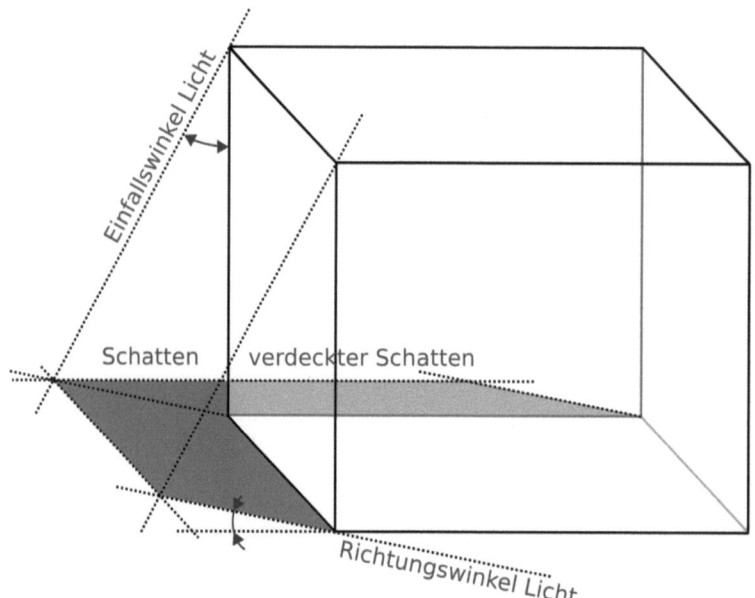

Konstruktion des Schattenwurfs

Wenn man über genügend zeichnerische Erfahrung verfügt, kann man den Schattenwurf auch ohne Hilfslinien darstellen. Auch bei komplizierteren Formen funktioniert dies einigermaßen. Absolut richtig liegt man mit der eigenen Vorstellungskraft und Einschätzung in der Regel nicht – vor allem bei komplexeren Motiven. Daher ist es immer besser, wenn man eine Vorlage zur Verfügung hat.

Verschiedene Körper

Zeichne zur Übung nun verschiedene geometrische Grundkörper. Zeichne dabei zuerst die Konturen und schattiere den Körper im Anschluss. In den folgenden Skizzen sind ein paar Beispiele zu finden, die du nachzeichnen kannst.

Außerdem kann man komplexe Formen oft in mehrere einfache geometrische Körper zerlegen, was beim Zeichnen häufig eine große Hilfe darstellt.

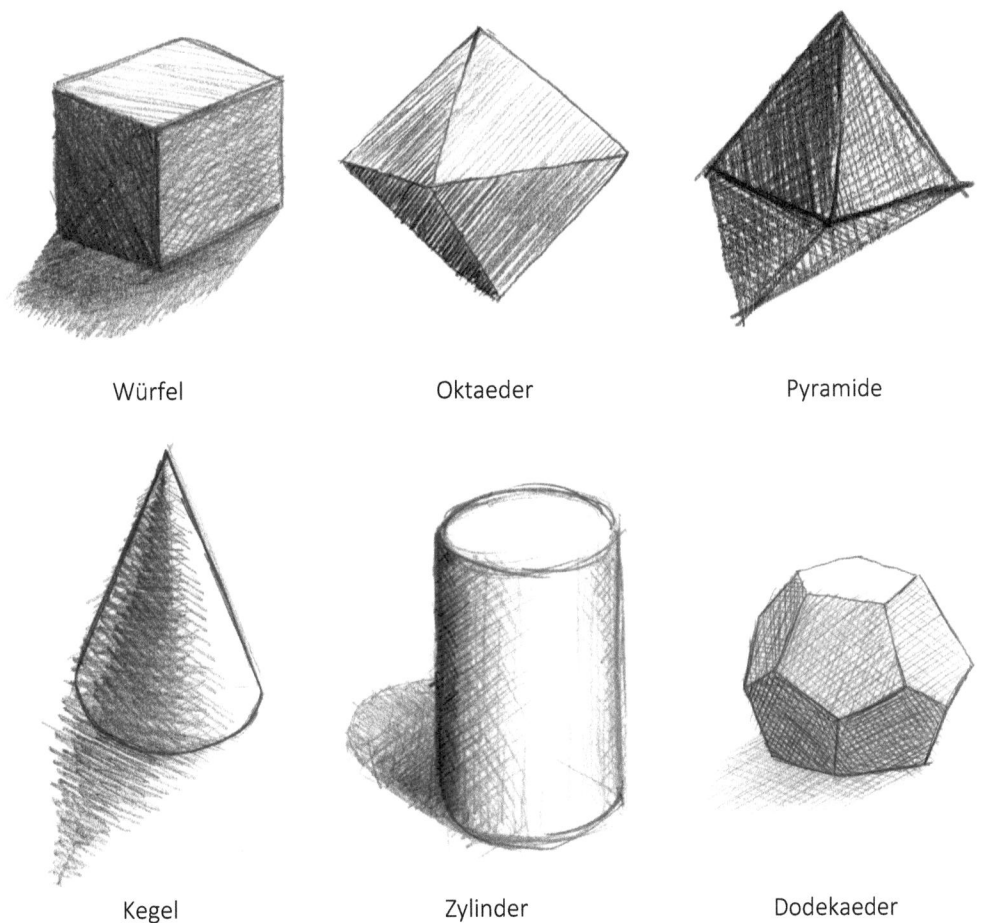

| Würfel | Oktaeder | Pyramide |

| Kegel | Zylinder | Dodekaeder |

Textur & Struktur zeichnen

Texturen und Strukturen sind wichtige Werkzeuge des Zeichners, da man mit ihnen unterschiedliche Materialien und Oberflächen darstellen kann. Die Anwendungsmöglichkeiten sind weit gefächert: Wolle, Schuppen, Schotter, Wasser, Haut, Gras und unzählige andere Dinge lassen sich mittels Struktur oder Textur abbilden.

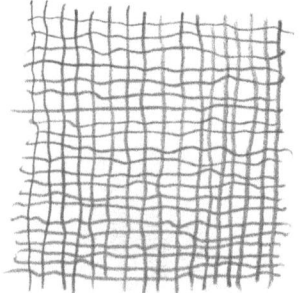

Rasterartige Linien, die ein Gewebe entstehen lassen.

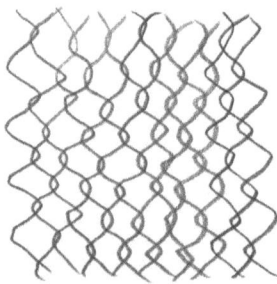

Maschenartige Anordnung

Liniengruppen, die ein Muster ergeben

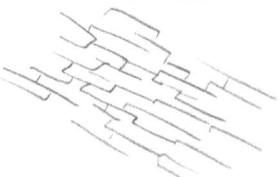

Linienstrukturen, wie bei den Flügeln einer Libelle

Muster, das wie ein geflochtener Korb wirkt

Muster, das wie eine Mauer wirkt

Holzmuster, wie bei einem Brett

Textur einer Steinmauer

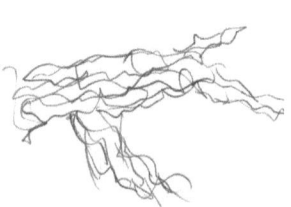

Struktur eines Astes mit Kritzellinien

Übung

Einfache Körper zeichnen

» *Talent haben, das ist das Beste, das zweite, es üben.* «

- Epicharm (um 550 - 460 v. Chr.) -

5 Übung – Einfache Körper zeichnen

In diesem Übungsteil werden wir echte Objekte zeichnen bzw. davon abzeichnen. Dabei wirst Du auf das Wissen der vorhergehenden Kapitel zurückgreifen können. Wir kommen also von der Theorie in die Praxis

Klapptisch

Beginnen wir mit einem Motiv, das aus einfachen geometrischen Körpern aufgebaut ist: Einem Klapptisch.

Man startet die Zeichnung mit der Überlegung, wie und in welche Grundkörper man den Klapptisch zerlegen kann. Es ist schnell ersichtlich, dass der Tisch aus mehreren Quadern zusammengesetzt ist. Was ihn ein bisschen komplizierter macht ist, dass seine Beine schräg verlaufen. Die Tischplatte ist von einer Begrenzung umrandet.

Nun kann man die Grundkörper, aus denen sich das Motiv zusammensetzt, grob skizzieren. Auf Basis dieser Skizze verfeinert man die Zeichnung, indem man weitere Details hinzufügt. Für die Skizzierung kannst du Hilfslinien zeichnen, anhand derer du dich orientieren kannst.
Die gezeigte Bilderfolge zeigt das schrittweise Vorgehen.

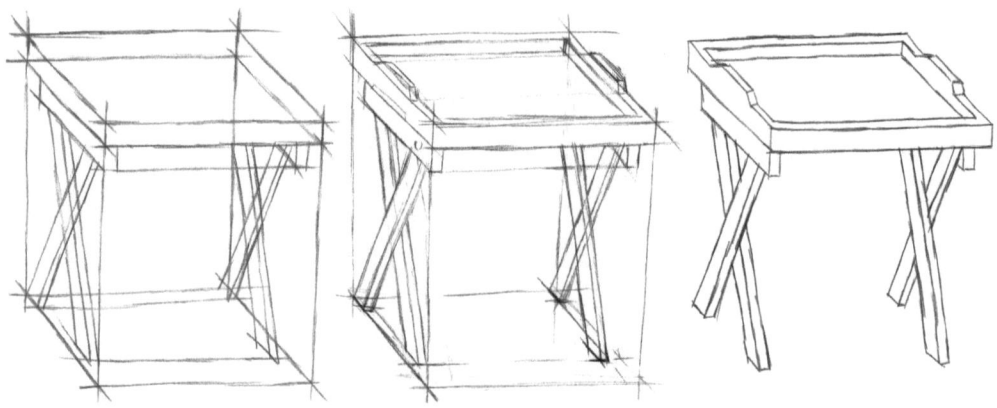

Steht die Vorzeichnung, kann man das Motiv schattieren. Die Lichtquelle befindet sich in diesem Beispiel rechts vom Objekt, womit die Schatten auf die linke Seite fallen.

Im Bild rechts kannst Du das fertige Ergebnis bewundern. Wenn Du es selbst probierst, achte genau auf die Tonwerte. Wo ist Licht und wo ist Schatten? Und wie kräftig sind die Schatten?

Eine Tasse zeichnen

Nun machen wir weiter mit einem ganz typischen Beispiel für Zeichenübungen: Einer Tasse.

Deine Zeichnung muss nicht gleich perfekt aussehen. Probiere es einfach aus. Mit mehr Übung wirst Du automatisch immer besser.

Man sollte stets versuchen in einem Zeichenobjekt einfache geometrische Körper zu entdecken, aus denen sich das Objekt zusammensetzt. Diese Körper zeichnet man dann mit Unterstützung einiger Hilfslinien. Am Ende verbindet man die Körper dann mit passenden Übergangslinien miteinander, um so den gesamten Gegenstand zu formen. Im Falle unserer Tasse haben wir einen kegeligen Körper und einen Bogen, der den Henkel darstellt.

Und so geht's:

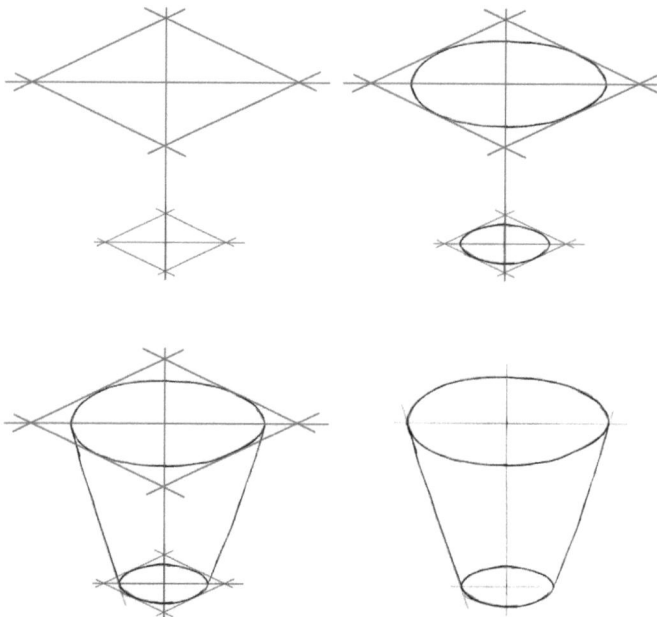

Konstruktion des Tassenkörpers

Der Grundkörper ist fertig, nun kann man den Henkel konstruieren. Der Henkel ist im Grunde ein Halbbogen – so ähnlich wie ein Torbogen, nur um 90° gedreht.

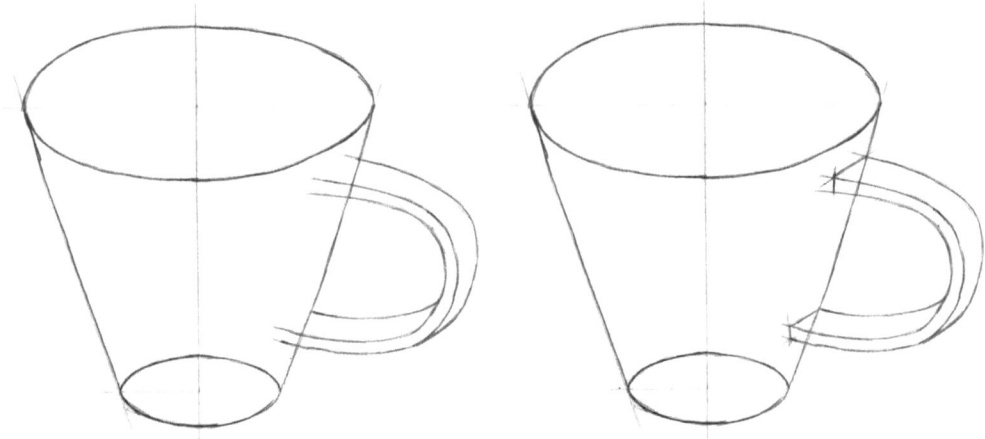

Konstruktion des Henkels

Nun zeichnet man die Übergänge zwischen Tasse und Henkel. In diesem Schritt habe ich auch die Kante der Tasse besser herausgearbeitet und bereits einige Schattenlinien eingezeichnet.
Die fertige Vorzeichnung sieht dann zum Beispiel so aus:

Vorzeichnung der Tasse

Die Vorzeichnung steht, nun kann man die Schatten zeichnen. Ich habe dafür einen 2B-Bleistift verwendet. Die Schraffur ist relativ wild. Ich habe größtenteils mit der Kreuzschraffur gearbeitet, indem ich immer wieder Schraffuren in unterschiedlichem Winkel übereinander gezeichnet habe, bis ich den erwünschten Tonwert erreicht hatte.

Erste Schraffuren auf der Vorzeichnung

Nach und nach legt man nun eine Schraffur nach der anderen auf das Papier. Wenn Du feststellst, dass ein Bereich noch dunkler werden muss, kannst Du ohne Probleme eine weitere Schraffur darüber zeichnen.

Im Bild siehst Du die fertige Schattierung des Hauptkörpers der Tasse. Wie genau man die Schraffur der Schatten zeichnet ist Geschmackssache. Sehr fein gezeichnete Schatten erzeugen einen höheren Realitätsgrad, bis hin zum Fotorealismus. Gröbere Schraffuren zeigen deutlich, dass es sich um eine Zeichnung handelt.

Verdunklung durch weitere Schraffuren

Jetzt kommt der Henkel dran. Der Schattenwurf ist hier etwas komplizierter.

Erste Schraffuren am Henkel der Tasse

Nachdem man auch den Henkel komplett schattiert hat muss noch der Schatten gezeichnet werden, den die Tasse auf den Untergrund wirft.

Diesen sogenannten Schlagschatten sollte man auf keinen Fall vergessen. Ansonsten wirkt es so, als würde das Objekt schweben.

Die fertige Zeichnung der Tasse

Eine Teekanne zeichnen

Die Teekanne, die wir in dieser Übung zeichnen, stellt eine weitere kleine Steigerung im Schwierigkeitsgrad dar. Zudem soll dabei ein kleiner Trick gezeigt werden, bei dem man Proportionen mit Hilfe einiger Orientierungslinien übertragen kann.

Das abgebildete Foto zeigt die Vorlage für das Motiv, wobei in der Übung die Verzierung und die chinesischen Schriftzeichen an der Seite der Teekanne nicht berücksichtigt wurden.

Fotovorlage für diese Übung

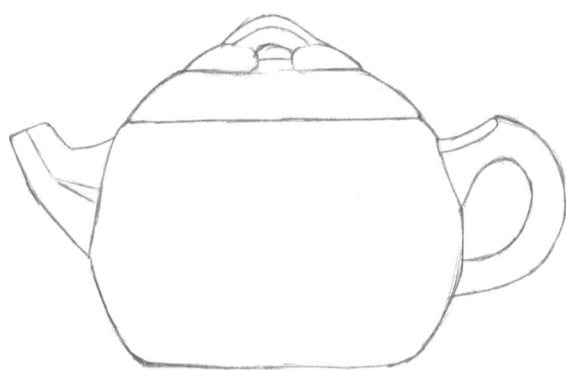

Wir skizzieren nun die Teekanne in der Seitenansicht, wie im nebenstehenden Bild zu sehen.

Mit dieser ersten Skizze kann man die Frontalansicht der Teekanne durch ein paar einfache Tricks konstruieren. Als erstes muss man hierfür horizontale

Orientierungslinien einzeichnen, welche die wichtigsten Proportionen in der Höhe übertragen. Definiert man eine Spiegellinie, kann man mit Hilfe eines Zirkels auch die Proportionen in der Bereite darstellen. Die Übertragung durch den Zirkel ist im folgenden Bild durch Strichlinien veranschaulicht.

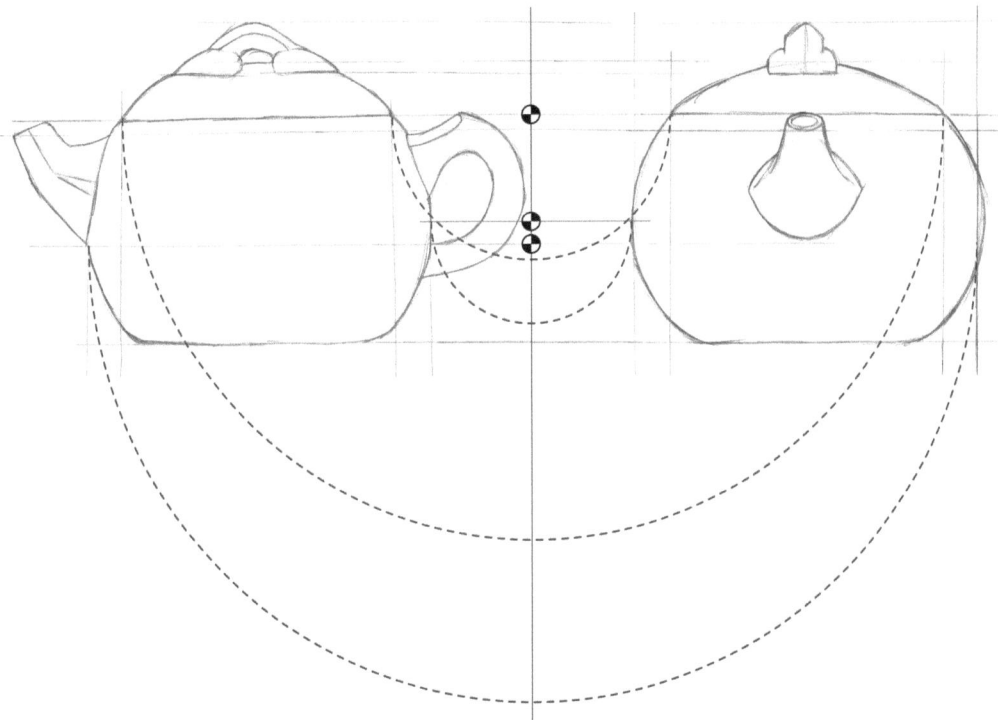

Übertragung der Proportionen in die Frontalansicht

Entfernt man die Hilfslinien mit einem Radiergummi, sieht die Teekanne von vorne wie im folgenden Bild aus.

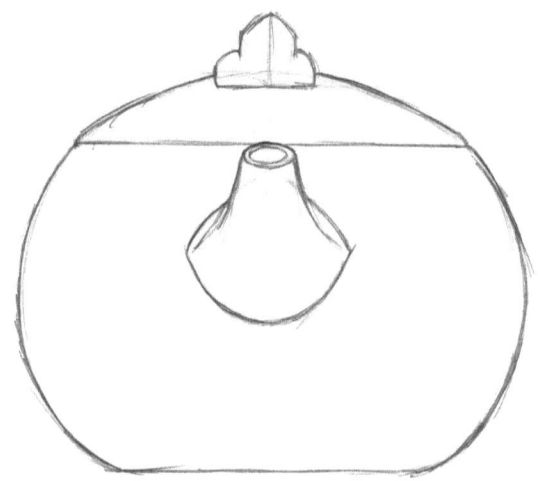

Skizze der Teekanne von vorne

Nachdem man sich nun mit der Form der Teekanne vertraut gemacht hat, bietet es sich nun an das Motiv in einer interessanteren Perspektive zu zeichnen. Man beginnt die Übung mit der Skizzierung der Konturen.

Teekanne in einer interessanteren Perspektive

Im nächsten Schritt beginnt man mit der Schattierung. Man schraffiert die helleren Schatten und kann bereits die tieferen Schatten andeuten, indem man die Strichdichte etwas erhöht. Als Schraffurart wurde in diesem Beispiel die Variante mit Schraffurgrüppchen mit unterschiedlichen Orientierungen gewählt.

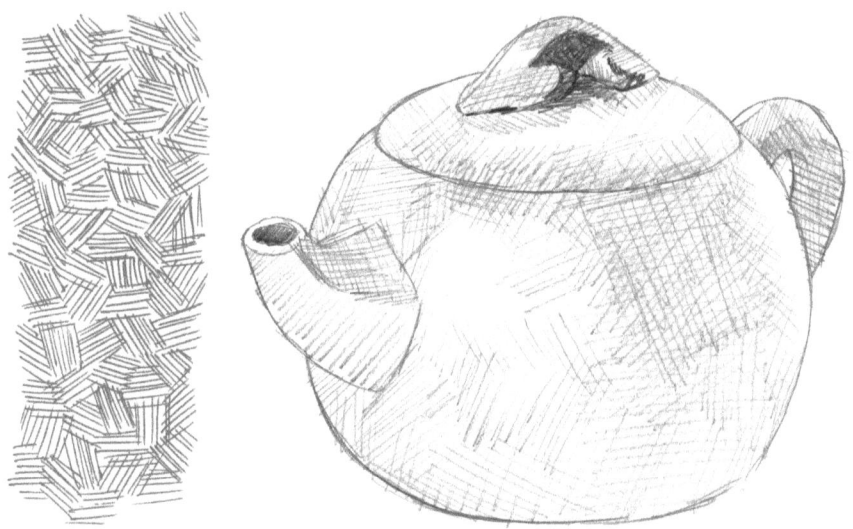

Gewählter Schraffurstil (links) und die Teekanne nach dem ersten Schritt (rechts)

Nun intensiviert man die dunkleren Bereiche der Teekanne, indem man weitere Schichten mit Schraffuren zeichnet.

Herausarbeiten der dunkleren Bereiche

Es folgen die letzten und dunkelsten Stellen an dem Motiv.

Abschluss der Schattierung

Und schließlich zeichnet man den Schlagschatten, den die Teekanne auf den Untergrund wirft.

Vollendung der Zeichnung

Stuhl in Kritzelschraffur

In dieser Übung soll zur Abwechslung die sogenannte Kritzelschraffur angewendet werden. Diese Zeichentechnik haben wir bereits in einem vorhergehenden Kapitel kennengelernt. Da man tatsächlich mit Kritzellinien schraffiert, ist das Arbeiten eher intuitiv, geht relativ schnell und macht einfach Spaß.
Die Ergebnisse lassen sich aber auch sehen. Zeichnungen, die mit einer Kritzelschraffur gestaltet wurden, sehen oft sehr lebendig und dynamisch aus.

Einen Stuhl in Kritzelschraffur zeichnen

Das Motiv dieser Übung soll ein Stuhl sein, auf dem ein kleines Kissen liegt. Das kleine Kissen macht das Bild aus gestalterischer Sicht interessant, wenngleich die Komposition sehr einfach ist.

Das Vorgehen ist in den folgenden beiden Bildern beschrieben. Man beginnt mit einer lockeren Skizze des Motivs. Die Linienführung muss nicht allzu genau sein, da die Zeichnung durch eine intuitive Arbeitsweise nur lebendiger wird. Das gilt für die Vorzeichnung, als auch für die Schattierung.

Stuhl mit Kritzelschraffur in zwei Schritten

Probiere es einfach selbst aus. Versuche dabei flott zu arbeiten und habe keine Angst davor etwas falsch zu machen. Du wirst sehen, dass es gar nicht schwierig ist.

Verschiedene Materialien zeichnen

» Einfachheit ist die höchste Form der Raffinesse. «

- Leonardo da Vinci -

6   Verschiedene Materialien zeichnen

In diesem Kapitel geht es darum unterschiedliche Materialien darzustellen. Jedes Material hat einen eigenen Charakter, den es mit dem Bleistift auf dem Papier zu vermitteln gilt.

6.1 Metall darstellen

Beim Zeichnen stößt man immer wieder auf Gegenstände, die aus Metall bestehen – also Materialien wie Eisen, Gold, Silber, Aluminium usw. In diesem Unterkapitel werden wir die Besonderheiten von Metall in Hinblick auf das Zeichnen ansehen und lernen, wie man Metall darstellen kann.

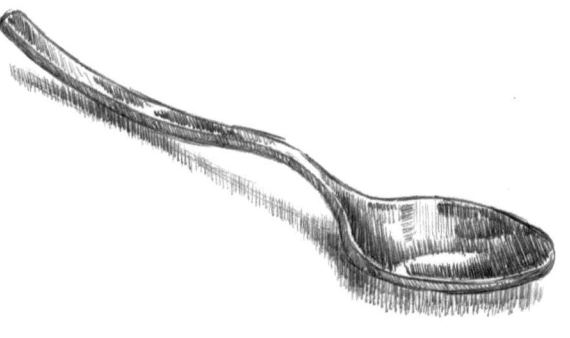

Was macht Metall aus?

Die Oberfläche von Metall kann sehr dunkel erscheinen und an anderen Stellen wiederum sehr hell. Metall erzeugt also in der Regel auch sehr starke Hell-Dunkel-Kontraste. Gerade die Bereiche, in denen das Licht direkt zum Betrachter hin reflektiert wird, sind sehr charakteristisch für Metalle. Es entstehen Glanzlichter und Lichtkanten. Außerdem wird auch die Umgebung auf der Oberfläche gespiegelt.

In der gezeigten Zeichnung kannst du die beschriebenen Effekte sehr gut beobachten. Vor allem an der Stirnseite der Dose, wo das blanke Metall sichtbar ist, entstehen Lichtkanten und dunkle Bereiche. Im bedruckten Bereich werden die Glanzeffekte gedämpft sichtbar.

Eine gute Übung für das Zeichnen von Metall ist die Darstellung von Alufolie. Leicht zerknüllt ergeben sich interessante Licht-, Schatten- und Spiegeleffekte. Ein Beispiel für ein relativ aufwendiges Stillleben mit Alufolie findest du im folgenden Bild.

6.2 Glas darstellen

Das Besondere beim Zeichnen von Glas ist die Transparenz. Doch anderes als man es im ersten Ansatz meinen könnte, ist das Glas dadurch nicht an allen Stellen durchsichtig. Ein Fehler, der oft von Anfängern begangen wird. Hier heißt es: Genau hinsehen!

Anhand der gezeigten Bilder kannst du bereits erkennen, dass es einige Stellen gibt, an denen Glas sehr dunkel werden kann und undurchsichtig wirkt. Und das obwohl das Glas leer ist und keine anderen Objekte in der Umgebung sind. Bei einem normalen Trinkglas findet man diesen Effekt vor allem an der Unterseite und teilweise am linken und rechten Rand vor.

helle Reflexionen

dunkle Bereiche

Glas hat außerdem eine sehr glatte Oberfläche. Das hat zur Folge, dass Licht an manchen Stellen sehr stark reflektiert wird. Im Extremfall wird das Licht so stark in unsere Richtung reflektiert, dass man eine rein weiße Oberfläche sieht. Durch diesen Effekt wird jedoch nicht die gesamte Oberfläche des Glases heller - vielmehr sind nur bestimmte Stellen weiß.

Durch die gekonnte Darstellung solcher hellen und dunklen Bereiche, kann man sehr gezielt die Anmutung von Glas in einer Zeichnung vermitteln.

Holzoberflächen

Holz hat eine sehr charakteristische und unverwechselbare Struktur. Im folgenden Beispiel betrachten wir eine Holzbank, die uns drei unterschiedliche Arten von Holzstrukturen bietet.

Die Sitzfläche ist ein geschnittener Baumstamm, bei dem wir in der Frontalansicht auf die Oberfläche mit abgezogener Rinde blicken. In der Seitenansicht kann man die Jahresringe sehen, deren Strukturen sich auf der Oberseite fortsetzen. Die Seitenfläche entspricht dem Schnitt quer durch den Baumstamm, während die Oberfläche dem Schnitt längs durch den Stamm entspricht. Die Rückenlehne zeigt ebenso die Struktur beim Schnitt längs durch einen Baumstamm, wobei man hier zusätzlich einige Strukturen von Ästen sehen kann.

In einer Darstellung in der Perspektive sind neben den Strukturen auch die Formen besser zu erkennen. Durch die Darstellung der Holzstruktur wird die Form des Motivs aber noch zusätzlich verdeutlicht.

Strukturierte Oberflächen

Strukturierte Oberflächen findet man zum Beispiel bei Stoffen. Ein gutes Beispiel zum Üben sind Kissen. Durch entsprechende Schraffur können nicht nur die Schatten dargestellt werden, sondern auch Form und Oberfläche beschrieben werden. Denke auch daran, dass die Form der Kissen nicht einfach quadratisch ist, sondern Unebenheiten und Wölbungen aufweist.

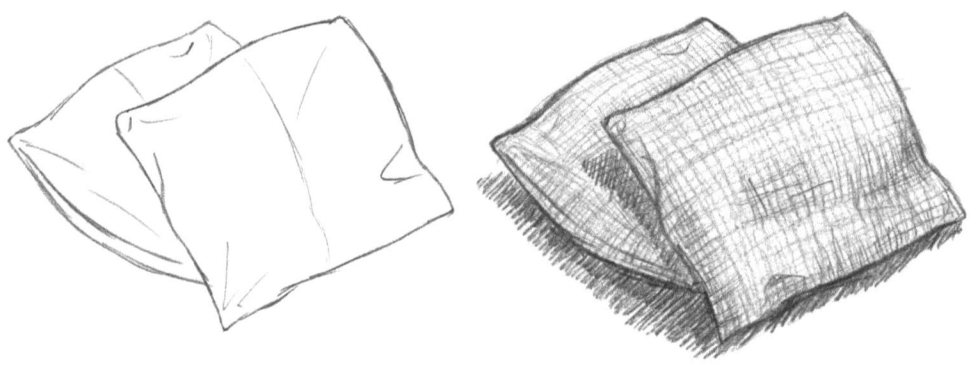

Die Mischung machts

Interessante Bilder entstehen oft durch die Mischung unterschiedlicher Materialien, da über die unterschiedlichen Oberflächen Kontraste und somit Spannung entsteht.

Jedes Material hat einen eigenen Charakter, den es mit dem Bleistift auf dem Papier zu vermitteln gilt. In diesem Beispiel finden wir einen geflochtenen Korb, in dem ein grob geflochtenes Leinentuch und mehrere Tassen liegen. Der Korb ist auf einen Holzbalken gelehnt. Es handelt sich hier somit um vier unterschiedliche Materialien, die ihre ganz eigene Oberflächenbeschaffenheit aufweisen.

Analysiere die verschiedenen Gegenstände genau und versuche zu erkennen, worin die Besonderheit und der typische Charakter ihrer Materialien bestehen. Die Tassen haben eine relativ glatte Oberfläche. Der Korb ist sehr grob aus Weidenruten geflochten. Das Leinentuch hat eine Struktur, die man mit kleinen Strichten darstellen kann, die abwechselnd um 90° zueinander gedreht sind. Man muss auf keinen Fall jedes einzelne Detail des Tuchs darstellen. Es reicht einige Flechtungen zu zeichnen und hier und da einen Teil der Struktur anzudeuten.

Stillleben zeichnen

» Zeichnen ist Sprache für die Augen,
Sprache ist Malerei für das Ohr. «

- Joseph Joubert -

7   Stillleben zeichnen

Du hast inzwischen gelernt, wie man einzelne Körper dreidimensional abbildet. Nun kannst Du probieren mehrere Objekte in einer Bildkomposition zu arrangieren und abzuzeichnen. Was sich dabei ergibt, bezeichnet man in der bildenden Kunst als Stillleben.

Ein Stillleben ist eine Darstellung von leblosen Gegenständen, ganz egal ob es sich um eine Zeichnung, eine Fotografie oder ein Gemälde handelt. Wenn man ein Stillleben zeichnet, kommt es auf die richtige Auswahl und die richtige Gruppierung der Gegenstände an, die man abbilden möchte. Dabei sollte man zum Einen auf ein ästhetisches Arrangement der Objekte achten und zum Anderen auf inhaltliche Aspekte.

Zeichnung nach einem Stillleben von Paul Cézanne

Das bedeutet z.B., dass man Gegenstände, die inhaltlich zusammenpassen, so gruppiert, dass das Gesamtbild stimmig und zugleich interessant aussieht. Man kann beispielsweise unterschiedliches Obst in einem Korb zeichnen.

Um eine ästhetische Gruppierung der Gegenstände in einem Stillleben zu schaffen, kann man als Hilfe eine sehr grobe Skizze zeichnen. Dabei genügt es zunächst einfach nur einen geometrischen Körper aufzuzeichnen. Dieser geometrische Körper soll ungefähr der Form entsprechen, die unsere Zeichenobjekte auf dem Bild als Gruppe einnehmen. Im folgenden Beispielbild wurde ein Dreieck verwendet.

Stillleben Anleitung #1: Kleine Mahlzeit

Wenn man sich für passende Gegenstände und ein interessantes Arrangement entschieden hat, kann man eine Vorzeichnung des Stilllebens ganz sanft auf dem Papier zeichnen. Wenn Du möchtest, kannst Du zunächst die geometrische Grundform deines Arrangements skizzieren.

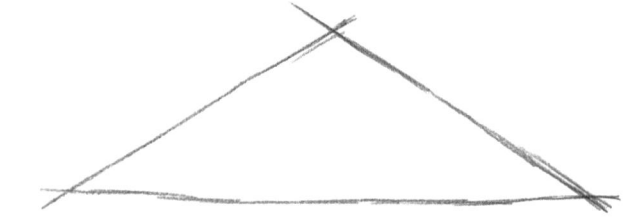

Geometrischer Körper als Hilfe zur Gruppierung der Zeichenobjekte

Zeichne mit dem Bleistift nur ganz leicht auf das Papier, so dass Du die Linien später wieder wegradieren kannst. Achte außerdem darauf, dass Du die Gegenstände des Stilllebens nicht zu nah am Rand des Papiers zeichnest.

Vorzeichnung des Stilllebens auf dem Papier

Wenn die Vorzeichnung steht, kann man diese nochmal kräftiger mit einem weichen Bleistift nachzeichnen.

Nach der groben Skizzierung des Stilllebens, kann man jetzt damit beginnen die Schatten zu zeichnen. Zeichne die Gegenstände so detailliert wie Du gerne möchtest. Wie immer zeichnet man die Schatten zu Beginn noch nicht zu stark.

Im nächsten Schritt arbeitet man die dunkleren Partien des Stilllebens heraus. Das Holzbrett, auf dem die Gegenstände liegen, kann mit einer Holzstruktur versehen werden.

Als Letztes stellt man die Schlagschatten der Objekte dar. Danach hat man das Bild vollendet.

Stillleben Anleitung #1: Nischenstillleben

Bei dem Nischenstillleben in dieser Übung kannst du ein neues Zeichenmedium ausprobieren. Das Stillleben ist mit Tusche und Pinsel gezeichnet. Man nennt diese Zeichentechnik auch Lavieren. Selbstverständlich kannst du das Bild auch mit einem anderen Zeichenmedium ausführen.

Nachzeichnung des Original-Gemäldes von Juan Sánchez Cotán mit Tusche

Das Original-Gemälde, welches als Vorlage diente, stammt außerdem von Juan Sánchez Cotán, der einer der bedeutendsten Stillebenmaler Spaniens war. Das Gemälde, welches wir uns in dieser Übung ansehen, nennt sich „Stillleben mit Quitte, Kohl, Melone und Gurke" und wurde 1602 in Öl auf Leinwand gemalt. Heute hängt es im San Diego Museum of Art.

In Bezug auf die Bildkomposition fällt sofort die Anordnung der Objekte in der Höhe auf. Die Quitte sowie der Kohl hängen an einer Schnur befestigt von oben herab. Aufgrund ihrer Anordnung scheinen die abgebildeten Gegenstände ein Art Kurve zu beschreiben. Dadurch wirkt das Stillleben lebendig und es wird dem Betrachter eine gewisse Bewegung vermittelt.
Auch lebt das Stillleben von starken Kontrasten zwischen Licht und Schatten. Die Objekte scheinen von einem kräftigen Licht getroffen zu werden, welches klare Konturen und harte Körperschatten entstehen lässt.

Das Nischenstillleben malen

Die Vorzeichnung für das Bild sollte man mit einem Bleistift skizzieren, da man in der Regel des Öfteren zum Radierer greifen muss. Beim Arbeiten mit Tusche muss man hingegen immer im Kopf behalten, dass man nichts mehr Rückgängig machen kann.

Nach Vollendung der Vorzeichnung kann man das gesamte Bild mit einem leichten Grauton versehen. Hierfür sollte man der Tusche viel Wasser beimengen. Es ist nicht schädlich, wenn nach diesem Schritt eine unregelmäßige Struktur oder Pinselstriche sichtbar sind.

Nun kann man die Objekte mit einem ersten Farbauftrag bearbeiten. Auch erste Strukturen kann man bereits anbringen.

Jetzt kannst du die dunkleren Schatten auf den Objekten aufbringen. Weitere Strukturen wurden in diesem Schritt dargestellt und die Umrandungen der Gegenstände nochmal deutlich nachgezogen. Um die Tusche dunkler auftragen zu können, muss man einfach weniger Wasser hinzumengen.

Nach diesem Schritt werden die Schlagschatten der Objekte gezeichnet – also die Schatten, welche die Objekte auf den Boden werfen. Besonders interessant ist der Schatten der Gurke, da dieser auch auf die Wandfläche der Nische fällt und dabei einen Knick nach rechts macht. Am Verlauf von diesem Schatten kann man die Richtung, aus der das Licht kommt, sehr leicht feststellen. Auch die linke Innenseite der Nische wurde in diesem Schritt bereits schattiert.

Als letztes wird der Hintergrund in ein dunkles Schwarz gehüllt. Durch diesen Effekt treten gerade die Objekte im Vordergrund besser hervor. Vor allem dann, wenn diese einen deutlich helleren Tonwert aufweisen.

Natur zeichnen

» Denn die Maler begreifen die Natur und lehren uns sie sehen. «

- Vincent van Gogh -

8 Natur zeichnen

Nachdem wir uns beim Thema *Stillleben* vor allem innerhalb der eigenen vier Wände aufgehalten haben, wollen wir uns nun ins Freie begeben. Wir werden die Natur zeichnen. Hierzu widmet sich dieses Kapitel einigen besonders beliebten Motiven wie Bäumen und Bergen.

Einen Baum zeichnen

Die Darstellung von Bäumen stellt vor allem Anfänger oft vor eine große Herausforderung. Grund hierfür ist, dass ein Baum aus schier unendlich vielen Details besteht. Unzählige Blätter hängen an endlos vielen Zweigen und auch die Rinde hat eine stark strukturierte Oberfläche. All das Wiederzugeben ist nicht ganz einfach. Zudem gilt es auch die individuelle Form einer jeden Baumart einzufangen.

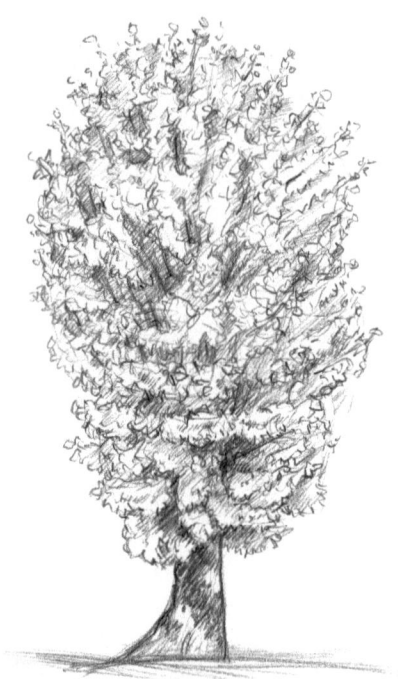

Um einen Baum zeichnen zu lernen muss man also einige Techniken beherrschen (welche man außerdem auch für alle anderen Motive anwenden kann). Hierzu zählen:

- Das Erfassen der übergeordneten Geometrie,
- das Vereinfachen von komplexen Formen und
- das Erkennen von vorhandenen Strukturen.

Baum als Volumenkörper

Was man leicht vergessen kann: Bäume bilden Volumenkörper – auch die Baumkrone. Man könnte ihre Form am ehesten als Kugel oder Halbkugel beschreiben. Diese übergeordnete Form gilt es vor allem beim Zeichnen der Schatten zu beachten.

In der gezeigten Skizze findest du eine stark vereinfachte Darstellung eines Baumes, bei der die Baumkrone als Halbkugel abgebildet wurde. An der Unterseite der Halbkugel entsteht entsprechend ein Schatten.

Einen Baum zeichnen Schritt für Schritt

Wenn man einen Baum zeichnet, beginnt man am besten damit, dass man die ungefähre Form relativ grob vorskizziert. Zeichne den Stamm, das sichtbare Astwerk und die Baumkrone.

Zeichne die Linien dabei nicht zu fest ein, damit du sie später wieder wegradieren kannst oder sie in der späteren Zeichnung möglichst unauffällig bleiben.

Im nächsten Schritt arbeitet man die Konturen genauer heraus. Man stellt den Stamm und die Äste genauer dar und achtet dabei auf die Verjüngung der Äste mit zunehmender Verzweigung. Die Krone bekommt eine Kontur, die einzelne Blätter erahnen lässt.

Um die Zeichnung natürlich wirken zu lassen, sollte man die Kontur der Krone möglichst ungleichmäßig skizzieren und offene Formen entstehen lassen.

Da die grobe Form des Baums nun definiert ist, kann man nun den Baumstamm schattieren. Dabei sollte man eine Struktur darstellen, die der von Baumrinde entspricht. Beachte dabei auch, welche Art von Baum du zeichnest, da sich die Oberfläche der Rinde von Baumart zu Baumart deutlich unterscheiden kann.

Jetzt kann man sich der Baumkrone annehmen. Überlege dir bei der Schattierung, welche übergeordnete Form das Blattwerk einnimmt. Für die Schattierung kannst du eine Zeichentechnik deiner Wahl einsetzen.

Im letzten Schritt überarbeitet man nochmals die Schattierung und fügt dabei einige besonders dunkle Bereiche hinzu, um den Kontrast zu erhöhen. Mit der abschließenden Signatur ist die Zeichnung vollendet.

Berge zeichnen

Die Darstellung von Bergen stellt Anfänger häufig vor eine Herausforderung. Es ist nicht ganz einfach die verschachtelte Struktur wiederzugeben und dabei die typische Optik des Berges einzufangen. Stark vereinfacht kannst du dir einen einzelnen Berg als eine Pyramide vorstellen. Häufig steht man in der Realität jedoch vor einer ganzen Bergkette, was einer Anreihung von Pyramiden entspricht, die ineinander verschachtelt sind.

Einzelner Berg in seiner pyramidenförmigen Grundform (links) und Bergkette (rechts)

Hinzu kommen Unebenheiten, Risse und Kanten, die typische Felsstrukturen entstehen lassen. Versuche diese Felsstrukturen möglichst naturgetreu darzustellen, ohne dich dabei zu sehr in Details zu verlieren.

Was viele Anfänger beim Zeichnen von Bergen außerdem übersehen, ist die Schattierung. Denn auch wenn Berge riesige Körper sind, entstehen an ihrer Oberfläche Schatten, genauso wie bei jedem anderen Körper. Beobachte genau, welche Flächen im Schatten liegen und auf welche das Licht fällt, bevor du mit dem Zeichnen beginnst.

Einen Berg Schritt für Schritt zeichnen

Skizziere als Erstes die Kontur des Berges und die wichtigsten Kanten.

Beobachte von wo das Licht kommt. In diesem Beispiel scheint die Sonne von hinten links auf die Bergkette. Dementsprechend sind die Flächen zur Linken hell erleuchtet, während die rechten Flanken im Schatten liegen. Auch in den Furchen entstehen Schatten - auf Vorsprünge fällt hingegen das Sonnenlicht.

Auf diese Weise kann man nun nach und nach die Bergkette schattieren. Es genügt, wenn du mit wenigen unterschiedlichen Tonwerten arbeitest. Das hält die Komplexität dieser Übung gering. Ein schnell skizzierter Himmel rundet die Zeichnung ab.

Einen Fluss zeichnen

Die Herausforderung bei der Darstellung eines Flusses ist die Bewegung des Wassers. Man muss als Zeichner in einem stillstehenden Bild dem Betrachter vermitteln, dass das Wasser beständig fließt. Nebenbei spiegeln sich die Objekte am Rand des Flusses im Wasser – zumindest solange die Strömung nicht zu wild wird.

Beginne deine Zeichnung mit der Skizzierung des Flusses und seiner Umgebung. Zeichne am besten auch ein paar höhere Objekte ein wie die Bäume in diesem Beispiel.

Im nachfolgenden Kapitel wirst du außerdem Tricks kennenlernen, mit denen du diese Skizze noch besser umsetzen kannst. Gemeint ist damit die Fluchtpunkt-Perspektive. Fürs erste reicht es uns aber, wenn wir noch ohne diese Methode zeichnen.

Beginne deine Zeichnung mit der Skizzierung des Flusses und seiner Umgebung. Zeichne am besten auch ein paar höhere Objekte ein wie die Bäume in diesem Beispiel.

Im nachfolgenden Kapitel wirst du außerdem Tricks kennenlernen, mit denen du diese Skizze noch besser umsetzen kannst. Gemeint ist damit die Fluchtpunkt-Perspektive.
Fürs erste reicht es uns aber, wenn wir noch ohne diese Methode zeichnen.

Nun folgt das Flussufer. Man muss hier nicht ins Detail gehen. Es reicht, wenn man das Ufer abdunkelt. Dann kann man mit senkrechten Strichen die Spiegelung des Ufers im Fluss zeichnen. Wie in dem hier gezeigten Beispiel kann man auch die Spiegelung von ein paar längeren Gräsern zeichnen. Das verstärkt den Effekt.

Im nächsten Schritt kannst du auch die Spiegelung der Bäume und anderen höheren Objekte darstellen. Bisher wirkt die Zeichnung zudem noch so als würde der Fluss stillstehen wie ein See. Es ist keine Bewegung im Wasser zu erkennen. Diese Bewegung des Gewässers kannst du mit einigen wellenförmigen Linien andeuten. Nach hinten hin muss man die Linien verkleinert zeichnen, damit ein perspektivischer Effekt eintritt. Dann ist die kleine Zeichnung fertig.

Perspektivisch zeichnen

» Wer die Perspektive ändert, sieht die Dinge in einem ganz anderen Licht. «

- Engelbert Schinkel -

9 Perspektivisch zeichnen

Dieses Kapitel widmet sich dem Thema "Perspektivisches Zeichnen". In erster Linie geht es dabei um die sogenannte Fluchtpunktperspektive. Durch die Fluchtpunktperspektive ist es möglich, Objekte realistisch abzubilden. Es wird eine überzeugende Illusion der Wirklichkeit auf dem Papier geschaffen.

Fluchtpunktperspektive – Grundwissen

Die Fluchtpunktperspektive stellt eine zeichnerische Methode dar, mit der man dreidimensionale Körper auf einer zweidimensionalen Fläche perspektivisch darstellen kann. Es handelt sich um ein Konstruktionsverfahren, das sowohl technisch als auch künstlerisch ist. Das Ziel ist dabei, die Illusion eines dreidimensionalen Raums zu schaffen, obwohl die Zeichen- bzw. Malfläche nur zweidimensional ist.

Die perspektivische Wahrnehmung zeichnet sich vor allem dadurch aus, dass wir Objekte umso kleiner wahrnehmen, desto weiter sie von uns entfernt sind. Diese Verkleinerung entsteht dadurch, dass die Lichtstrahlen in einem flacheren Winkel in unser Auge dringen, wenn ein Objekt weiter entfernt ist.

Ein weiterer Effekt der Perspektive ist, dass wir in der Ferne mehr Objekte sehen als in unserem näheren Umfeld. Diese Erscheinung hat im Prinzip den gleichen Ursprung wie der zuvor beschriebene Effekt der Verkleinerung.

Aufbau der Fluchtpunktperspektive

Zu Beginn dieses Kapitels sehen wir uns die einzelnen Elemente der Fluchtpunktperspektive an. Die einfachste Art der perspektivischen Darstellung benötigt einen Horizont, einen Fluchtpunkt, Fluchtlinien und natürlich ein Objekt, das wir räumlich zeichnen wollen.

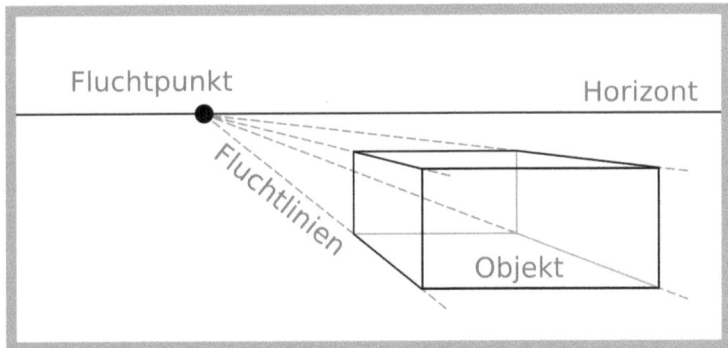

Die wichtigsten Begriffe

Der Horizont

Der Horizont ist die Trennlinie zwischen Boden und Himmel. Die technisch korrekte Beschreibung wäre allerdings „die Linie, an der sich Untersicht und Aufsicht trennen". Das bedeutet, dass man auf alles, was sich unterhalb der Horizontlinie befindet, hinabblickt (Aufsicht/Draufsicht – man blickt von oben auf das Objekt). Zu allem, was sich oberhalb des Horizonts befindet, sieht man hinauf (Untersicht – man blickt auf die Unterseite des Objektes).

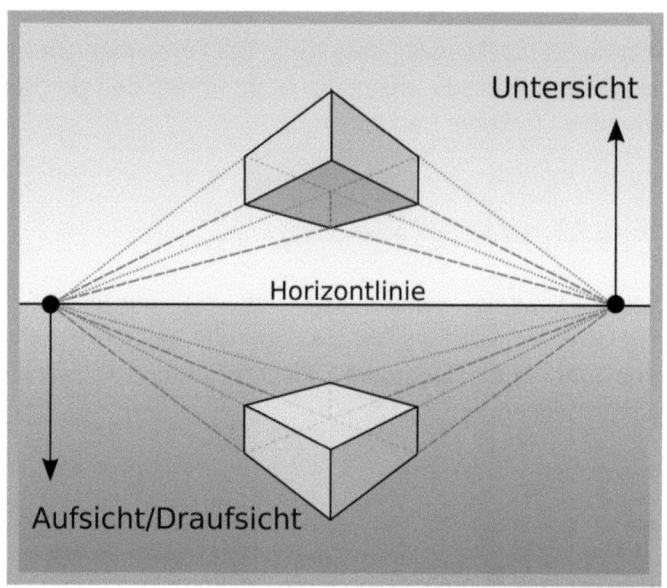

Die Fluchtpunkte aller waagrechten Linien liegen auf der Horizontlinie, was den Horizont zum wichtigsten Element in einer Zeichnung mit Fluchtpunktperspektive macht. Daher wird er auch als Erstes gezeichnet.

Wichtig ist außerdem, dass der Horizont immer auf der Augenhöhe des Betrachters liegt! Dabei muss man jedoch beachten, dass der Begriff *Horizont* eher abstrakt zu verstehen ist. Es handelt sich nicht zwangsläufig um DEN Horizont, den wir auch unserer täglichen Gewohnheit kennen. Der Horizont einer perspektivischen Zeichnung liegt im Zentrum unseres Sehfelds. Würde wir uns zum Beispiel 1000 Meter unter der Erde befinden, liegt der Horizont für uns nicht 1000 Meter über uns, sondern direkt auf unserer Aughöhe (also 1000 Meter unter der Erde). Befänden wir uns mitten im Weltall, würde sich unser Horizont auch nicht weit unten auf der Erde liegen, sondern wiederum auf unserer Aughöhe – in der Mitte unseres Sehfelds.

Fluchtpunkt & Fluchtlinien

Nach der Horizontlinie ist der Fluchtpunkt das zweitwichtigste Element in einer perspektivischen Zeichnung. Bei der Fluchtpunktperspektive fluchten alle Linien in einen Fluchtpunkt. Das bedeutet jedoch nicht, dass es immer nur einen einzelnen Fluchtpunkt gibt. Linien, die nicht parallel zueinander liegen, verlaufen zu unterschiedlichen Fluchtpunkten. Die fluchtenden Linien werden auch als Fluchtlinien bezeichnet und werden zur Konstruktion der Zeichnung häufig bis zu ihrem Fluchtpunkt hin verlängert.

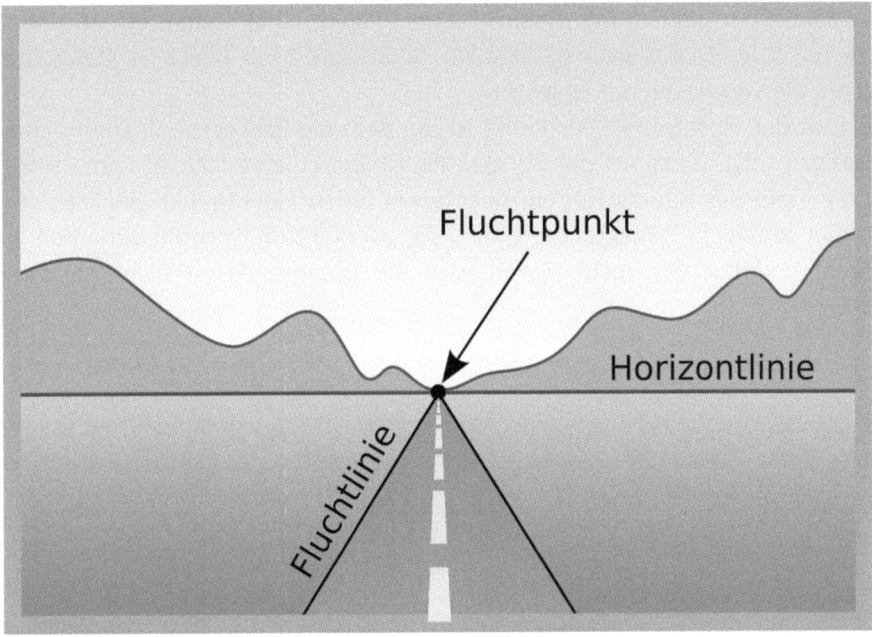

Ein paar wichtige Regeln für Fluchtpunkte und Fluchtlinien:

- Je nach der räumlichen Lage und der Form eines Objektes, kann ein einziger Fluchtpunkt zur Darstellung reichen oder es werden mehrere Fluchtpunkte benötigt.
- Fluchtpunkte, die sich auf den Untergrund beziehen, liegen immer auf der Horizontlinie.
- Linien, die parallel zueinander verlaufen, fluchten in einem gemeinsamen Fluchtpunkt.

Zentralperspektive mit einem Fluchtpunkt

Bei der Zentralperspektive mit einem (Haupt-) Fluchtpunkt stehen die abzubildenden Objekte mit ihrer Frontfläche parallel zur Bildebene. Man blickt als Betrachter also frontal auf die Stirnfläche der Objekte.

Es gilt, dass der Fluchtpunkt der Punkt ist, an dem die Blickachse des Betrachters auf den Horizont trifft. Diese Art der Perspektive ist wohl die einfachste Form. Nur Linien, die in die Tiefe des Raums führen, fluchten in einen Fluchtpunkt. Senkrechte Linien sind immer senkrecht. Waagrechte Linien, die parallel zum Horizont verlaufen, bleiben waagrecht und fluchten nicht. Somit wird die gesamte Front nicht perspektivisch verzerrt.

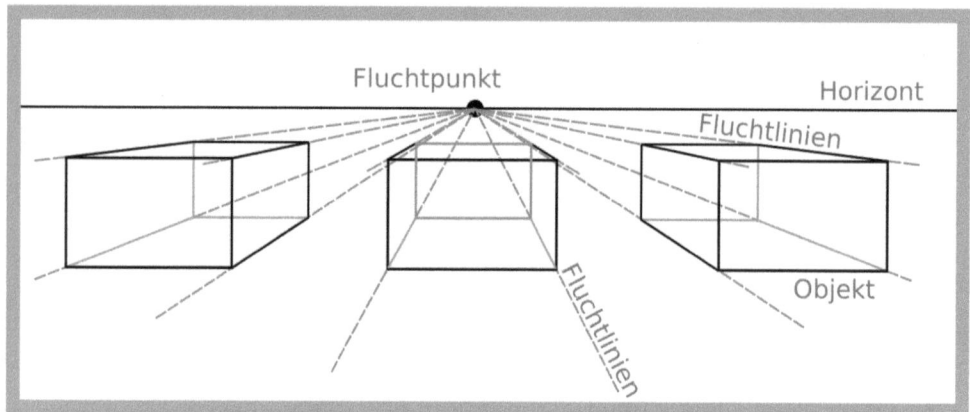

Drei Würfel in der Zentralperspektive mit einem Fluchtpunkt

Voraussetzung für die Anwendbarkeit der Zentralperspektive mit einem einzelnen Fluchtpunkt ist, dass die abzubildenden Objekte senkrecht auf der Grundebene stehen und die Frontfläche der Objekte ganz gerade zum Betrachter hin ausgerichtet ist (also 90° zur Blickrichtung des Betrachters).

Übung - Einen Weg zeichnen

Eine besonders einfache Übung ist es, einen Weg zu zeichnen. Im einfachsten Fall braucht man hierzu lediglich den Horizont, einen Fluchtpunkt und zwei Fluchtlinien.
Es geht aber auch etwas aufwändiger, wie Du in den folgenden Beispielen sehen wirst.

Im Bild unten siehst Du die einfachste Variante mit einer Straße, die schnurgerade in Richtung Horizont läuft. Aus gestalterischer Sicht ist von dieser Darstellungsweise abzuraten, da der Blick des Betrachters geradewegs aus dem Bild herausbefördert wird. Wege bzw. Straßen, die in Schlangenlinien verlaufen, sind für die Bildgestaltung deutlich besser, da sie viel interessanter wirken. Und auch dabei kann man mit Fluchtpunkten arbeiten.

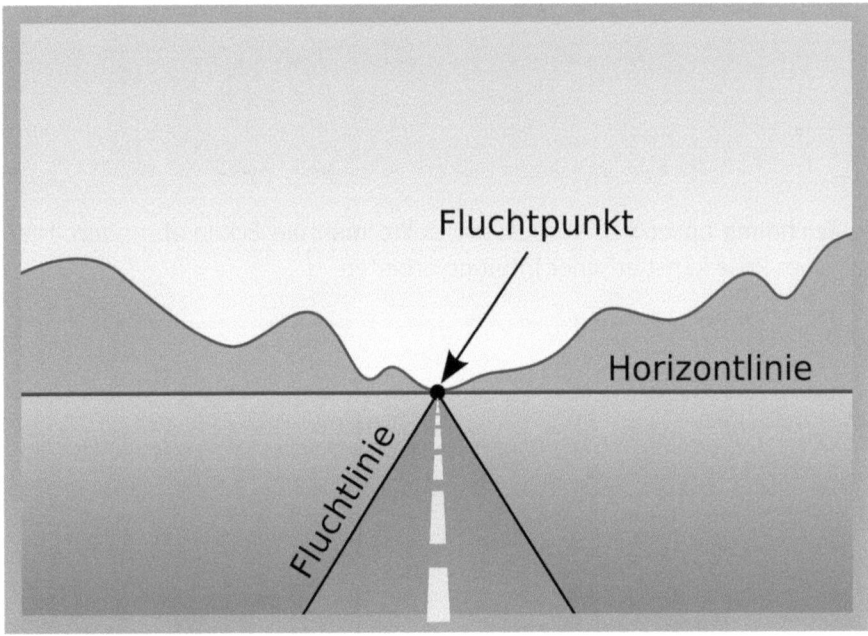

Perspektivische Darstellung einer einfachen Landschaft

Einen geschwungenen Weg zeichnen

Einen geschwungenen Straßenverlauf realisiert man durch mehrere Fluchtpunkte. Um die Schnittpunkte für den gegenläufigen Wegabschnitt zu bekommen, zeichnet man an gewünschter Stelle eine horizontale Linie, so wie es im Bild unten dargestellt ist.

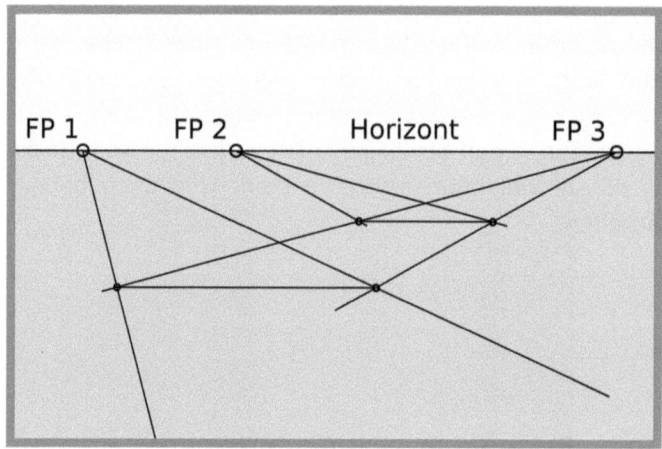

Um die Zeichnung optisch zu verbessern, sollte man die Ecken abrunden. Hier muss man mit einer Prise künstlerischer Intuition arbeiten.

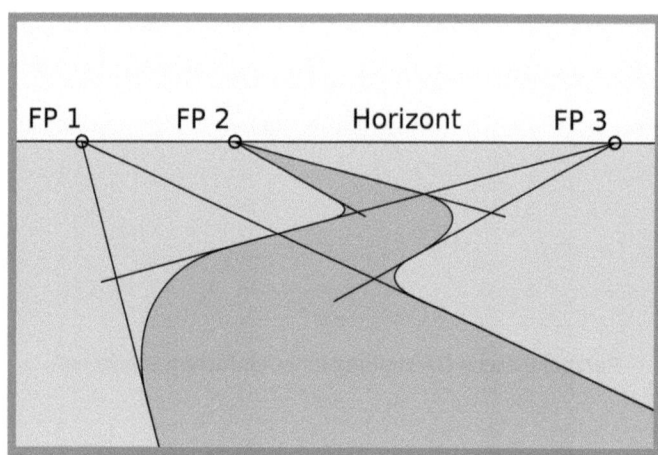

Übung – Einen Quader zeichnen

In dieser Übung soll ein Quader in der Zentralperspektive mit einem Fluchtpunkt gezeichnet werden. Wie du dabei vorgehst, siehst du Schritt für Schritt in der Bilderfolge. Eine Erläuterung der einzelnen Schritte folgt nach den Zeichnungen.

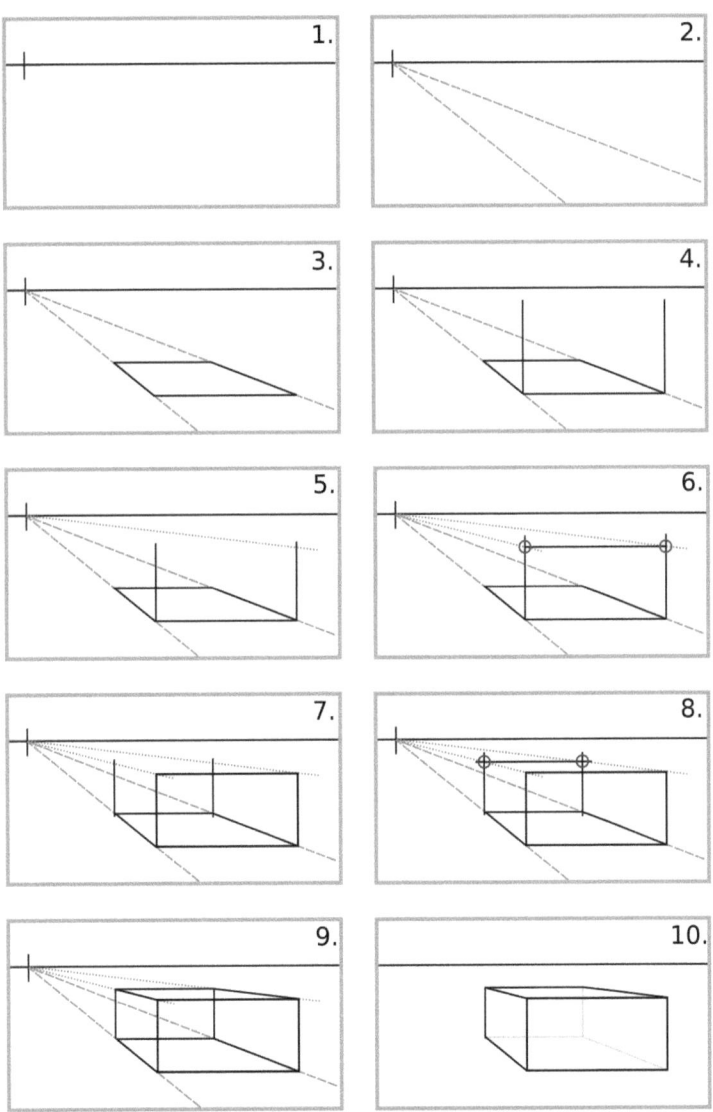

1. Wie du im ersten Bild (links oben) sehen kannst, beginnt man mit der Horizontlinie. Man zeichnet sie an eine beliebige Stelle. In diesem Schritt bestimmt man auch gleich den Fluchtpunkt.

2. Jetzt zeichnest du zwei Fluchtlinien, mit denen du die Breite des Quaders definierst. Die Fluchtlinien gehen vom Fluchtpunkt aus und verlaufen in Richtung des Betrachters.

3. Durch zwei waagrechte Linien, welche die beiden Fluchtlinien schneiden, wird der Boden des Quaders definiert.

4. An den Eckpunkten dieses Vierecks werden zwei senkrechte Linien nach oben gezogen. Diese Linien stellen die Kanten der Frontfläche des Quaders dar.

5. Man zeichnet nun eine weitere Fluchtlinie, welche eine der senkrechten Linien schneidet. Mit diesem Schritt wird die Höhe des Quaders festgelegt.

6. Zeichne nun eine waagrechte Linie, die am neu entstandenen Schnittpunkt entspringt und von der einen Seite des Quaders zu anderen verläuft.

Durch diese waagrechte Linie ergibt sich außerdem der Schnittpunkt für die zweite obere Fluchtlinie, die wir benötigen werden, um die Oberseite des Quaders zu zeichnen.

7. Im siebten Schritt folgen zwei weitere senkrechte Linien an den beiden hinteren Eckpunkten der Bodenfläche.

8. Die neuen Schnittpunkte können wieder durch eine waagrechte Linie miteinander verbunden werden.

9. Jetzt musst du nur noch die Oberseite des Quaders darstellen, indem du die oberen Fluchtlinien nachzeichnest.

10. Entfernt man nun die überflüssigen Konstruktionselemente (Fluchtpunkt und Fluchtlinien), erhält man die fertige perspektivische Zeichnung des Quaders. Die verdeckten Kanten sind in der Zeichnung hellgrau dargestellt.

Schiefe Ebenen zeichnen

Schiefen Ebenen begegnet man immer wieder in perspektivischen Zeichnungen. In dem hier gezeigten Beispiel stellen wir einen Körper dar, der einem Haus ähnelt. Somit haben wir zwei symmetrische schiefe Ebenen.

Als erstes zeichnet man hierfür einen Quader.

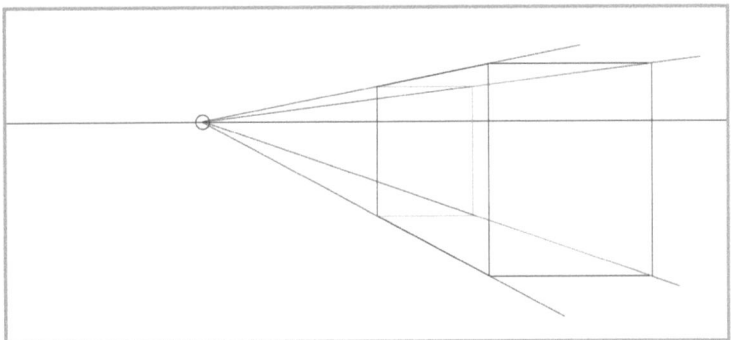

Das Dach besteht aus zwei symmetrischen schiefen Ebenen, die in der Zentralperspektive jedoch sehr einfach darzustellen ist. Zeichne die Diagonalen der vorderen und hinteren Fläche des Hauses, um die Mittelpunkte dieser Flächen zu bestimmen. Dann ziehst du je eine senkrechte Linie durch die beiden Mittelpunkte.

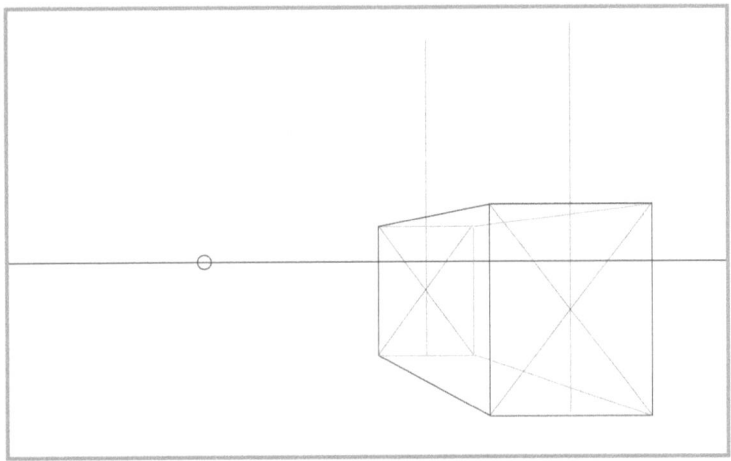

Eine Fluchtlinie, welche die beiden Senkrechten schneidet, bildet den Dachfirst (obere Kante des Dachs).

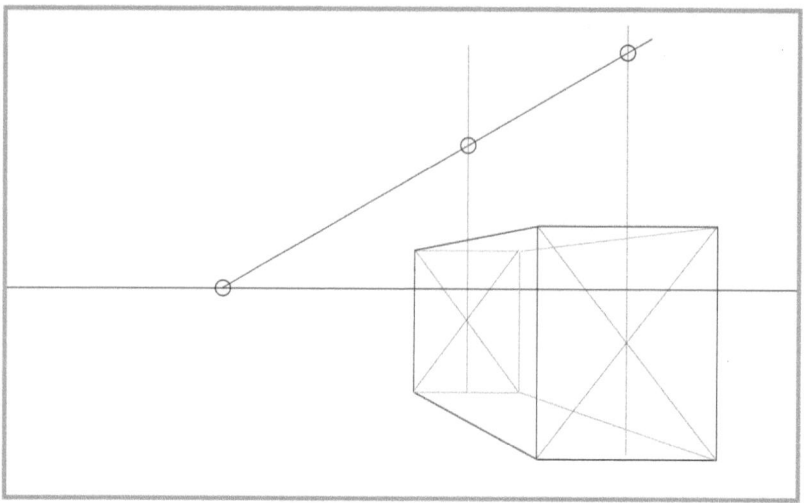

Jetzt kannst du mit Hilfe der beiden Schnittpunkte die Dachgiebel zeichnen. Und schon ist das Haus fertig.

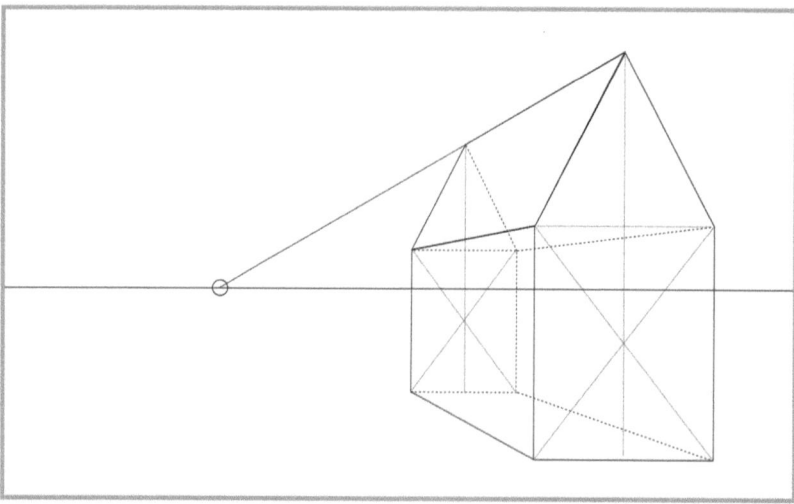

Die Übereckperspektive

In diesem Kapitel lernst Du, wie du Objekte in der Übereckperspektive (auch Eckperspektive) zeichnen kannst. Die Zentralperspektive, um die es im vorhergehenden Kapitel ging, hatte die Einschränkung, dass man Objekte nur frontal von vorne perspektivisch darstellen konnte.

Die Übereckperspektive stellt dagegen Objekte dar, die schräg zum Betrachter positioniert sind – wie im Bild unten. Wie du diese Technik einsetzt, lernst du in der folgenden Übung.

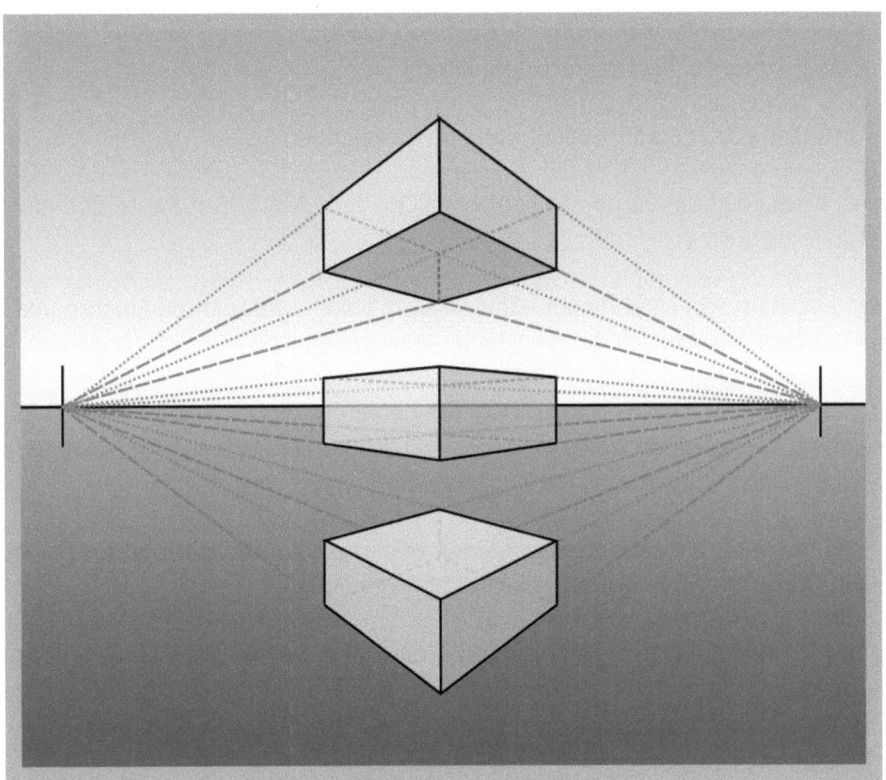

Einen Quader in der Übereckperspektive zeichnen

In der folgenden Übung wollen wir versuchen einen einfachen Quader in der Übereckperspektive zu zeichnen. Der Körper stellt eines der einfachsten Motive für diese Technik dar. Du findest auf der folgenden Seite die schrittweise Entstehung des Quaders. Die Erläuterung zu den Bildern folgt danach.

1. Bei der Übereckperspektive benötigt man zwei Fluchtpunkte (ähnlich wie die beiden Fluchtpunkte der Diagonalen). Daher zeichnet man als Erstes den Horizont und markiert zwei Fluchtpunkte – je links und rechts.

2. Von den beiden Fluchtpunkten ausgehend, zieht man nun je zwei Fluchtlinien, welche die Unterseite des Quaders definieren.

3. Die Unterseite des Quaders kann man nun einzeichnen.

4. Als nächstes folgt die vorderste Kante des Quaders. Mit dieser Kante definiert man die Höhe des Quaders.

5. Nun zieht man zwei Fluchtlinien – jeweils vom linken und rechten Fluchtpunkt - zum oberen Punkt der Kante.

6. Mit Hilfe dieser Fluchtlinien kann man die beiden seitlichen Kanten senkrecht in die Höhe ziehen. Diese beiden Linien sind automatisch kürzer als die vordere Kante, so wie es die Bedingung der perspektivischen Darstellungsweise fordert.

7. Zu den Punkten, an denen diese beiden seitlichen Kanten die oberen Fluchtlinien schneiden, kann man zwei weitere Fluchtlinien ziehen.

8. Die beiden neuen Fluchtlinien definieren die Höhe der hinteren senkrechten Kante des Quaders.

9. Hiermit ist auch die Form der Oberfläche des Quaders definiert.

10. Entfernt man alle Hilfslinien und die verdeckten Kanten, ist die perspektivische Zeichnung des Quaders fertig.

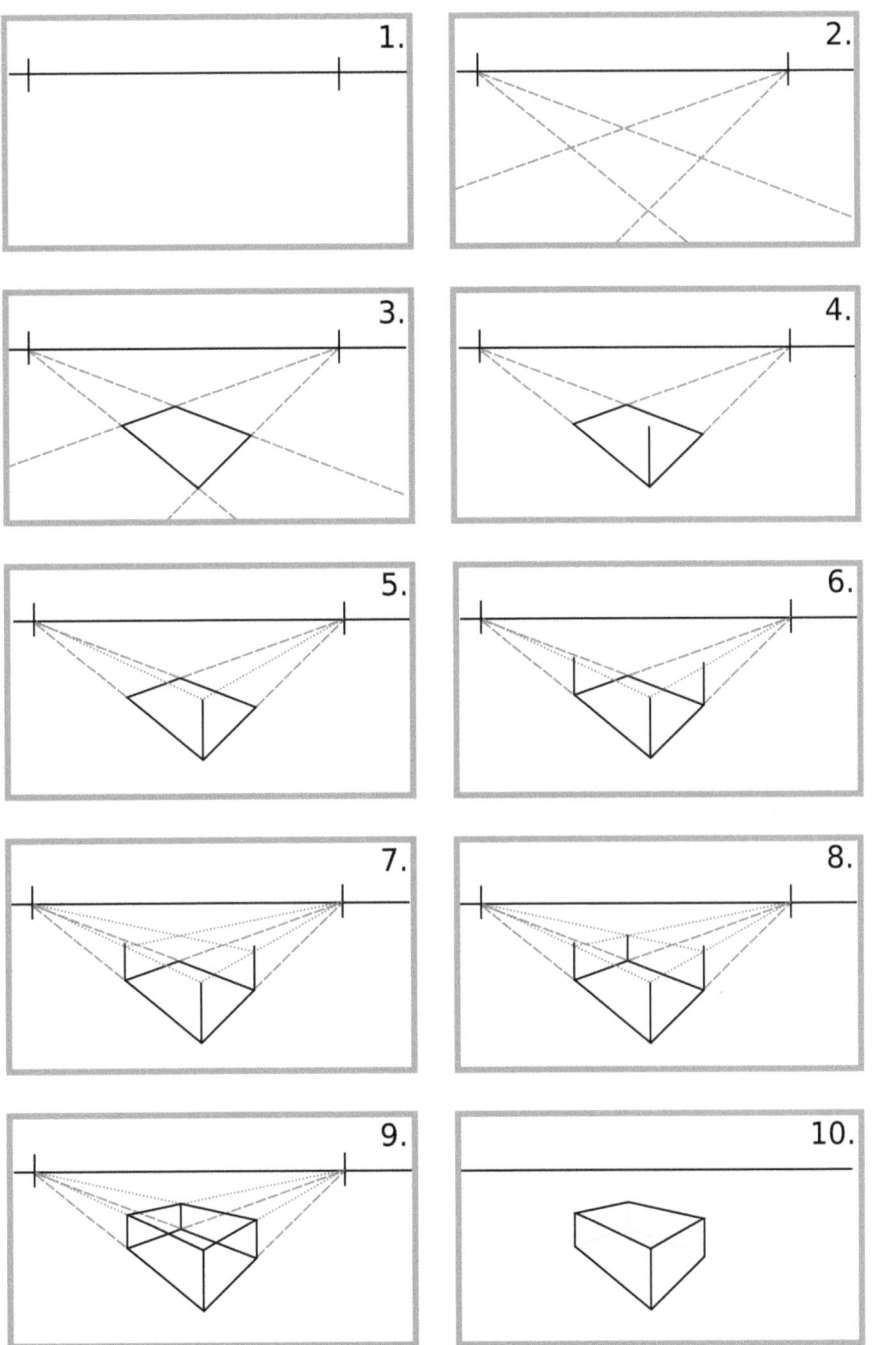

Beispiel Übereckperspektive

Die Übereckperspektive ist ein sehr mächtiges Instrument, mit dem man beeindruckende Zeichnungen kreieren kann. Im folgenden Beispiel siehst du einen ganz typischen Anwendungsfall, bei dem ein Gebäude dargestellt wird. Hierfür kann man zunächst die wichtigsten Fluchtlinien zeichnen, die von den beiden Fluchtpunkten ausgehen.

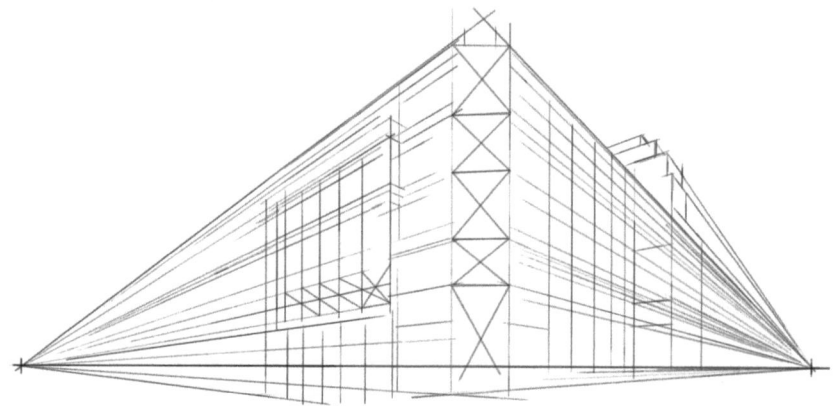

Bei der Zeichnung des Gebäudes kann man sich daraufhin an den Fluchtlinien orientieren.

Es ist nicht erforderlichen jedes Detail mit Hilfe von Fluchtlinien zu konstruieren. Vieles kann man auch ganz intuitiv zeichnen – die Orientierungslinien reichen in den meisten Fällen völlig aus.

Nebenbei bemerkt gilt es bei der Stadtszene dieses Beispiels zu beachten, dass die Straße ein Gefälle aufweist.

Kreise, Zylinder & Bögen

Kreise, Ellipsen, Zylinder und andere runde Elemente kommen sehr oft in Zeichnungen vor. Besonders in Stillleben findet man diese Formen häufig, da hier oft Tassen, Gläser, Schalen Teller und ähnliches abgebildet werden.

Einen Kreis bzw. eine Ellipse perspektivisch zeichnen

In dieser ersten Übung wollen wir versuchen, einen ganz einfachen Kreis in der Zentralperspektive zu zeichnen. Wir zeichnen hierzu als Erstes ein Quadrat mit Hilfe der *Fluchtpunkte der Diagonalen*, wie wir es gelernt haben.

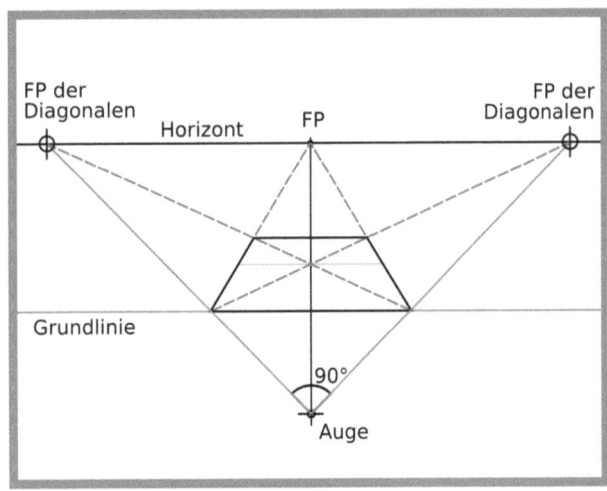

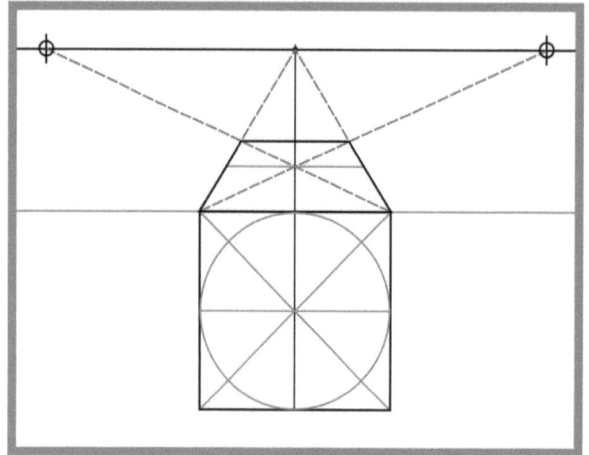

Jetzt folgt der zweite Schritt. Man zeichnet nun direkt unter das perspektivische Quadrat ein weiteres Quadrat, das nicht perspektivisch verzerrt ist. Auch hier zeichnet man die Flächendiagonalen und Mittellinien ein.

Betrachte nun den Kreis, der nicht perspektivisch dargestellt wurde. Betrachte hier die Schnittpunkte, die zwischen Kreis, Diagonalen und den senkrechten Hilfslinien entstanden sind.

Die Hilfslinien hast du bereits auf das perspektivische Quadrat übertragen. Mit diesem Trick kannst du nun auch die Schnittpunkte des Kreises übertragen. Sie liegen genau dort, wo die Hilfslinien die Flächendiagonalen schneiden. Vier weitere Schnittpunkte des Kreises liegen dort, wo die Mittellinien das Quadrat schneiden.

Du hast folglich acht Punkte, durch die der Kreis laufen muss. Mit Hilfe dieser Punkte kannst du den Kreis nun innerhalb des Quadrates einzeichnen. Mit ein wenig Übung gelingt ein gleichmäßig runder Kreis.

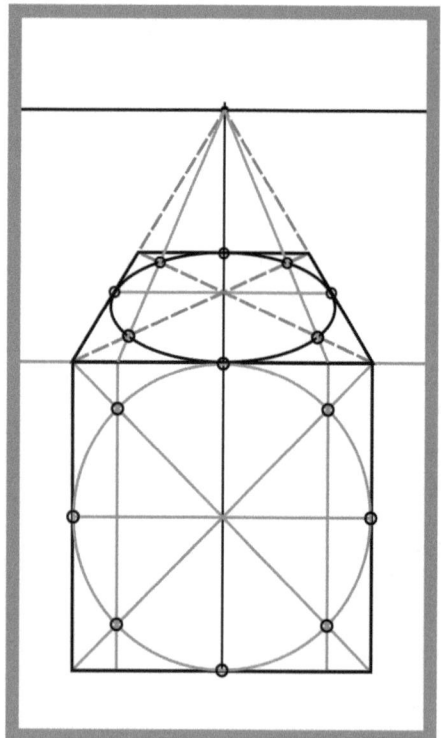

Einen Zylinder zeichnen

Einen Kreis in einen Zylinder zu verwandeln ist nun ein Leichtes. Man zeichnet dafür ein neues Quadrat in der perspektivischen Darstellung direkt über das vorherige. Ansonsten ist das Vorgehen genauso wie zuvor.

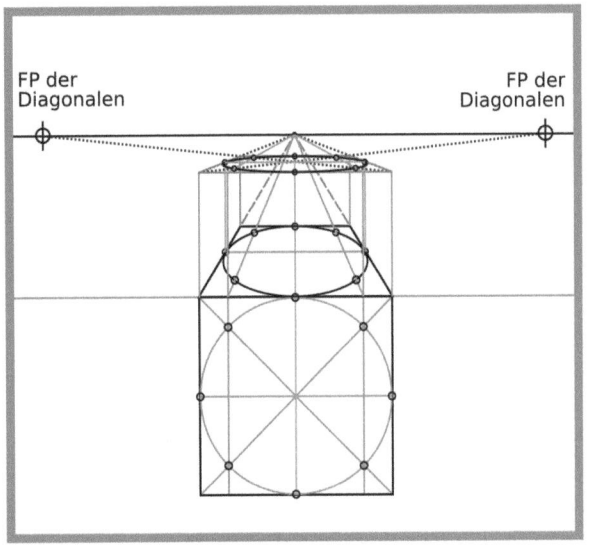

Als letztes muss man noch die beiden äußeren Kanten des Zylinders skizzieren. Dann ist der Zylinder vollendet.

Schatten in der Perspektive

In diesem Kapitel geht es um das Zeichnen von Schatten in der Fluchtpunktperspektive. Die Darstellung von Schatten ist nicht nur wichtig, um eine Zeichnung realistischer wirken zu lassen. Schatten machen eine Zeichnung auch plastischer und haben starken Einfluss auf die räumliche Wirkung.

Licht & Schatten durch eine Lampe

Ausgangssituation ist ein Quader, der in einer Zentralperspektive gezeichnet wurde. Das Zweite, was zu tun ist, ist die Bestimmung der Lichtquelle. Im Bild unten ist die Lichtquelle als Punkt dargestellt. Bei der Lichtquelle könnte es sich zum Beispiel um eine Straßenlaterne, ein Flutlicht oder auch um eine Deckenlampe handeln. Mit einer senkrechten Linie und einem kleinen schwarzen Punkt wurde zusätzlich die Position der Lichtquelle auf dem Boden festgelegt. Dieser Schritt ist notwendig, da man sonst nicht weiß, in welcher räumlichen Tiefe die Lichtquelle liegt.

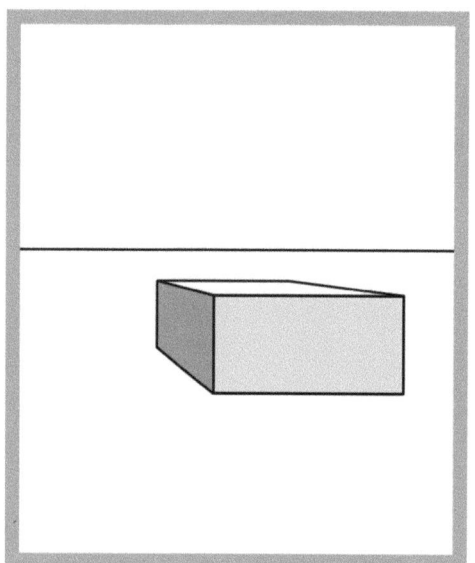

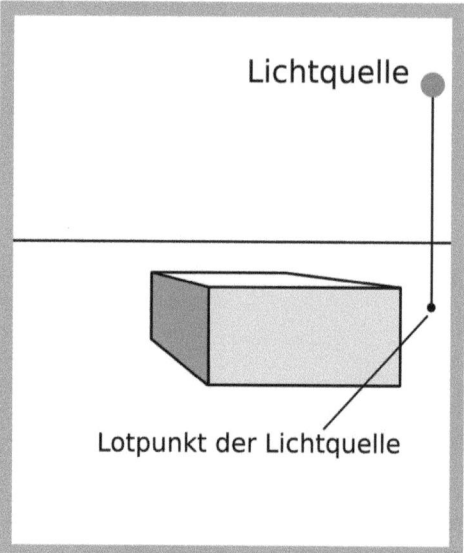

Lichtquelle

Lotpunkt der Lichtquelle

Nun zeichnet man drei Lichtstrahlen zu den drei oberen Eckpunkten, die auf der Schattenseite des Quaders liegen (Bild links). Diese Lichtstrahlen enden jedoch nicht an den Eckpunkten, sondern man zeichnet sie ein ganzes Stück weiter.

Dann zeichnet man drei weitere Linien, die vom Bodenpunkt der Lichtquelle zu den drei unteren Eckpunkten der Schattenseite des Quaders gehen (Bild rechts). Diese Linien zieht man mindestens so weit, bis sie die drei Lichtstrahlen schneiden.

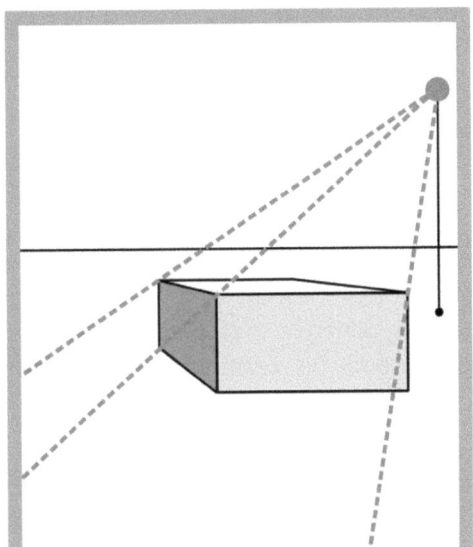 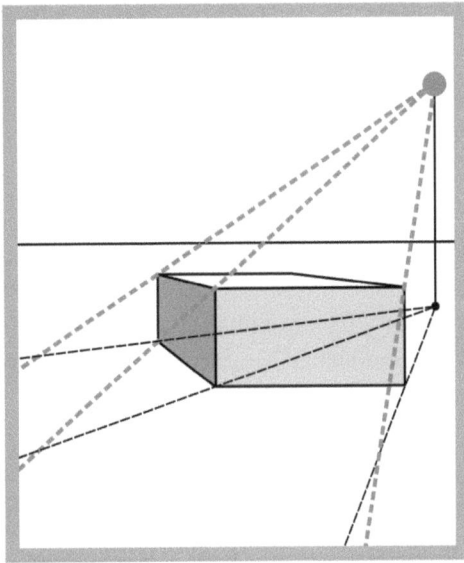

Durch die beiden vorhergehenden Schritte sind drei Schnittpunkte entstanden, dort wo sich die Lichtstrahlen mit den Hilfslinien schneiden. Diese Schnittpunkte werden nun mit zwei weiteren Hilfslinien miteinander verbunden, so wie du es im Bild unten links sehen kannst.

Mit diesem Schritt ist der Schatten des Quaders bereits fertig konstruiert. Jetzt kann man überflüssige Hilfslinien entfernen und erhält die Umrisse des Schattens (Bild unten rechts).

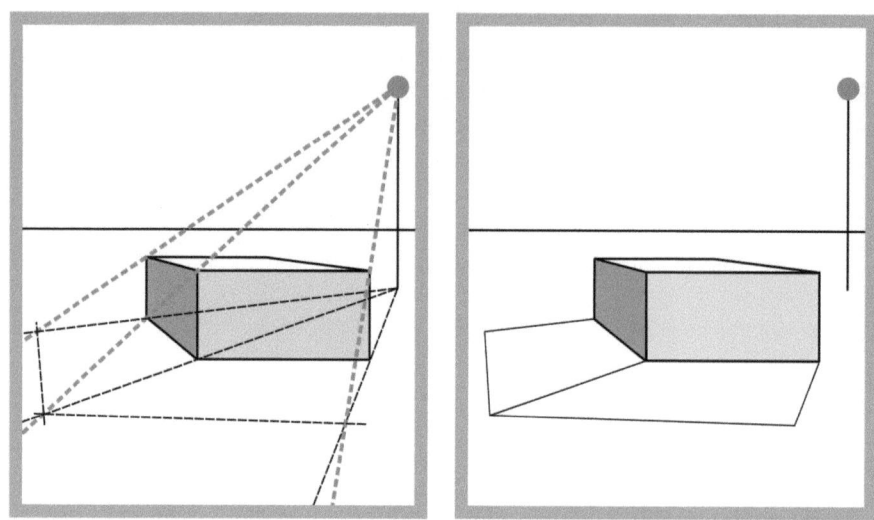

Im Bild links kannst du sehen, dass der gerade gezeichnete Schatten mit den Fluchtlinien unseres Fluchtpunkts übereinstimmt. Es besteht also auch hier ein logischer Zusammenhang. Im Bild rechts ist der Schatten des Quaders mit zwei unterschiedlichen Grautönen schattiert worden, womit die Zeichnung abgeschlossen ist.

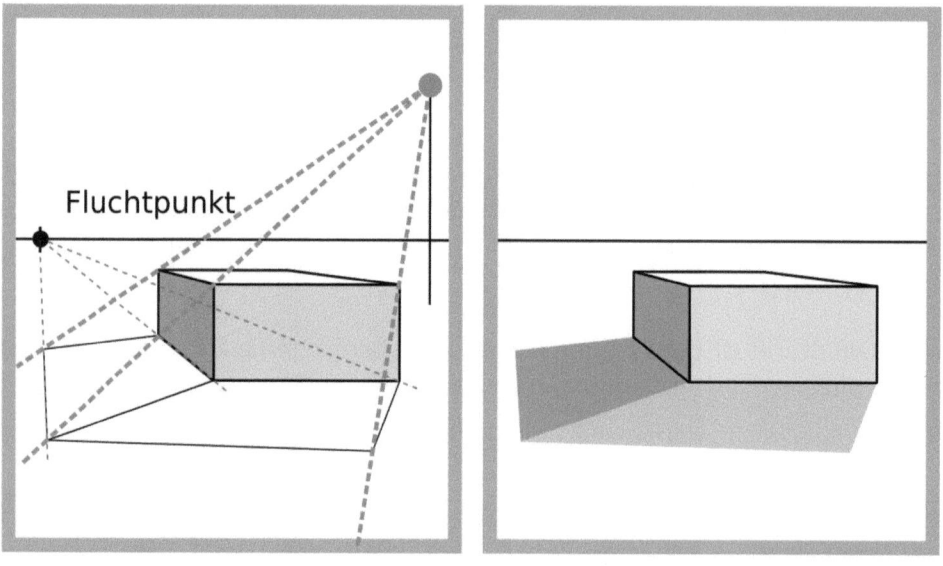

Schatten in der Übereckperspektive

In diesem Beispiel wollen wir zum einen untersuchen, wie man die Schatten zeichnet, wenn die Sonne als Lichtquelle dient (und keine Lampe). Zum anderen sehen wir uns die Konstruktion der Schatten in einer Übereckperspektive an.

Man kann die Position der Sonne an einem beliebigen Punkt über dem Horizont festlegen. Der entscheidende Unterschied im Vergleich zu einer Lampe ist ihre Position in der Tiefe des Raums. Die Tiefenposition mussten wir im Beispiel mit der Lampe noch selbst bestimmen. Der Bodenpunkt der Sonne befindet sich jedoch immer direkt auf der Horizontlinie.

Wie du in der Skizze sehen kannst, funktioniert die Konstruktion des Schattens bei der Übereckperspektive auf die gleiche Art wie bei der Zentralperspektive. Man findet auch hier die drei Lichtstrahlen und drei Hilfslinien am Boden. Die Schnittpunkte dieser Linien werden durch weitere Linien verbunden und es entsteht der Schlagschatten des Quaders.

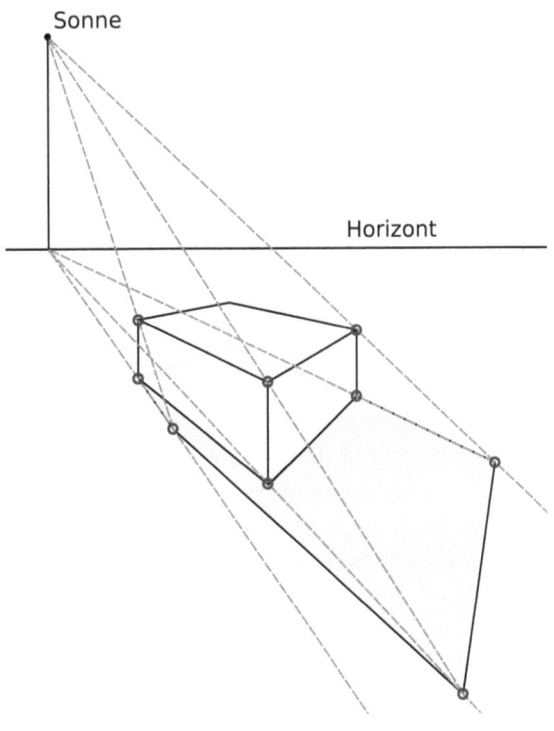

Zeichnen mit der Fluchtpunktperspektive

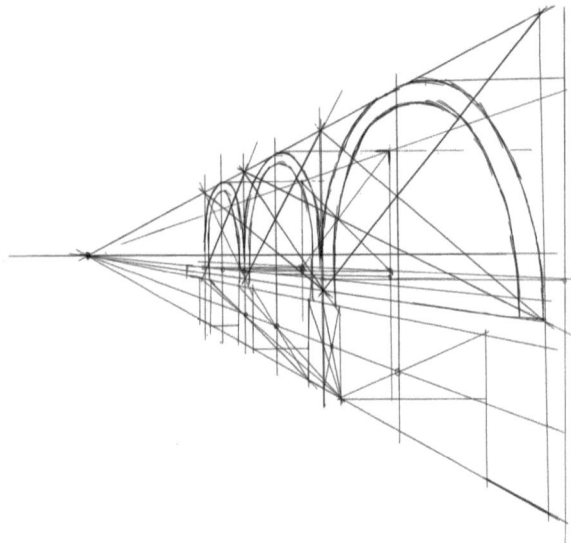

Mit Hilfe der Fluchtpunktperspektive können bereits mit einem einzelnen Fluchtpunkt relativ komplexe Motive konstruiert werden. In diesem Beispiel soll eine Brücke mit Stahlstrukturen dargestellt werden.

Mit perspektivischen Methoden kann man Objekte mit gleichen Proportionen wiederholt in unterschiedlicher Entfernung abbilden. Auch Bögen kann man mit perspektivischer Verzerrung skizzieren.

Oft ist es sinnvoll zunächst die grobe Proportionierung und Strukturierung mit den Methoden der Fluchtpunktperspektive vorzunehmen und sich danach an die reine zeichnerische Tätigkeit zu machen.

Es entstehen auf diese Weise Bilder, die sehr realistisch wirken und dabei zugleich ihre künstlerische Spontanität und Leichtigkeit behalten.

Landschaften zeichnen

» Nichts Hohes erreicht der Künstler, der nicht an sich selber zweifelt. «

- Leonardo da Vinci -

10 Landschaften zeichnen

Von einem Landschaftsbild ist die Rede, wenn ein Ausschnitt aus dem von der Natur oder von Menschenhand bestimmten Raum abgebildet wird. Es können konkrete sowie idealisierte natürliche Landschaften abgebildet werden. Typische Landschaftsbilder zeigen Berglandschaften, Hügelland, Wälder, Seestücke, Meeresküsten, Flüsse, Seen und mehr. Aber auch Städte, Architektur, Gärten, Parklandschaften und Fabriklandschaften zählen zum Gebiet der Landschaftszeichnung und -malerei. Die Rede ist in diesen Fällen von sogenannten Kulturlandschaften – also Landschaften, die dauerhaft vom Menschen geprägt wurden.

Stadtlandschaft – Straßenzug in Chicago

Landschaftsdarstellungen sind neben dem Historienbild, dem Porträt, dem Genrebild und dem Stillleben eine Gattung der gegenständlichen Kunst. Die große Bedeutung dieser Gattung zeigt sich in Darstellungen landschaftlicher Motive in der Malerei im alten Ägypten, der Antike bis hin zur Gegenwart. In China und Japan stellt die Landschaftsdarstellung ebenso einen bedeutenden Zweig der bildenden Kunst dar.

Eine Landschaft von einem Foto abzeichnen

In dieser Übung werden wir eine Landschaft von einem Foto abzeichnen, das uns als Vorlage dient. Um die Proportionen der Bildobjekte korrekt darzustellen, können wir die sogenannte Rastermethode anwenden.

Fotovorlage – Freiheitsstatue in New York

Bei der Rastermethode zeichnet man schachbrettartiges Raster auf die Vorlage, sowie auf das Papier. Das Raster auf dem Papier darf dabei kleiner oder auch größer sein, als das auf dem Foto. Allerdings muss das Höhen-Breiten-Verhältnis der Kästchen gleich sein, da man das Bild sonst verzerrt zeichnet. Die Anzahl der Kästchen in Höhe und Breite muss ebenfalls gleich sein.

Die Rasterlinien dienen nun zur Orientierung. Dabei ist es Geschmacksache wie eng man das Raster zeichnet – man sollte es jedoch nicht übertrieben eng zeichnen.

Auf die Fotovorlage zeichnet man nun ein gleichmäßiges Raster, wie es im folgenden Bild dargestellt ist. Die einzelnen Kästchen müssen dabei nicht unbedingt quadratisch sein. Wichtig ist nur, dass sie alle gleichgroß sind. Verwendet also unbedingt ein Lineal.

Raster auf der Vorlage

Das Raster auf dem Foto muss nun auf dem Papier nachgebildet werden. Man kann dabei das Foto vergrößern oder auch verkleinern, indem man das Raster auf dem Zeichenpapier entsprechend anpasst. Wichtig ist hier nur, dass man das Raster im gleichen Längen-Breiten-Verhältnis darstellt. Tut man dies nicht, wird das Bild entweder gestaucht oder gedehnt.

Hat man die einzelnen Kästchen auf dem Foto zum Beispiel 3cm x 3cm groß gezeichnet (also quadratisch), müssen sie auch quadratisch auf dem Zeichenpapier dargestellt werden. Auch die Anzahl der Kästchen in horizontaler und vertikaler Richtung muss gleich sein. Ob die Kästchen dann größer (z.B. 4cm x 4cm), kleiner (z.B. 2cm x 2cm) oder gleichgroß gezeichnet werden, ist dabei jedem selbst überlassen.

Rasterung des Papiers

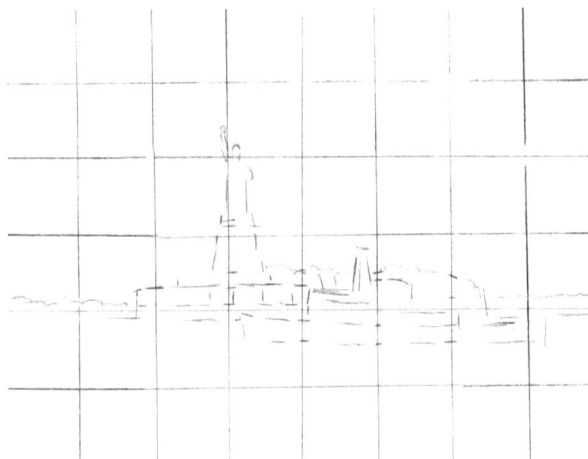

Einzeichnen von Konturen mit Hilfe des Rasters

Beim Abzeichnen kann man sich anhand der Rasterung auf dem Foto relativ gut orientieren. Man kann dabei jedes Kästchen einzeln abzeichnen oder man zeichnet im ersten Schritt die Konturen des Motivs an den Stellen, an der diese die Rasterlinien schneiden. Zweitgenannte Methode habe ich im nebenstehenden Bild umgesetzt.

Orientiere Dich immer wieder am Raster auf dem Foto und vergleiche es mit Deiner Zeichnung. So solltest Du die Proportionen relativ gut hinbekommen.

Nun kann man die Konturen komplett nachzeichnen und hat die fertige Linienzeichnung.

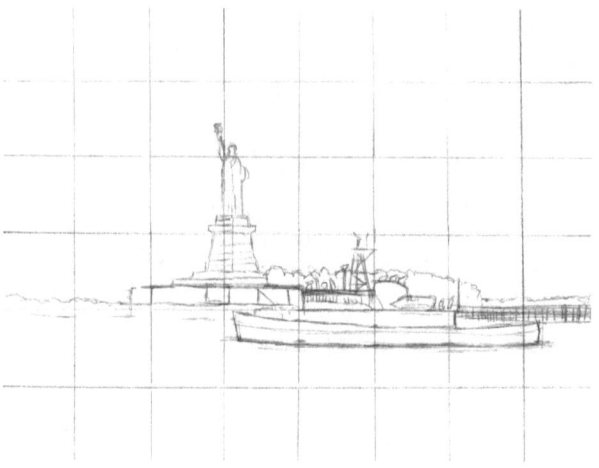

Zeichnung mit Raster auf dem Papier

Das Raster braucht man nun nicht mehr und man kann es somit entfernen. Übrig bleibt die Zeichnung der Konturen.

Fertige Zeichnung der Konturen

Um das Bild zu vollenden, kann man es nun noch schattieren. Die Technik meiner Wahl war hier das Schummern. Durch Schummern kann man die Zeichnung relativ schnell schattieren. Vor allem beim Zeichnen der großen Flächen wie dem Wasser und dem Himmel spart man sich viel Zeit. Zuerst werden die Schatten der Freiheitsstatue und das Boot schattiert.

Schattierung der Zeichnung durch Schummern

Am Ende kann man noch den Himmel und das Wasser zeichnen. Durch das Schummern geht die Arbeit besonders schnell. Mit diesem letzten Schritt ist die Zeichnung fertig.

Berg & See

Die nächste Übung beinhaltet nahezu alles, was eine Landschaft zu bieten hat. Du findest hier einen Wolkenhimmel, einen Berg, einen Wald, einen See inkl. Spiegelung, Felsen, Steine und zu guter Letzt einen Vogel, der auf einem Stein steht.

Die Zeichnung basiert auf einem Gemälde von Carl Rottmann. Zu sehen ist der Hintersee, der sich in Oberbayern befindet.
In meiner Variante des Landschaftsbildes habe ich mit einem Bleistift gezeichnet und habe auch nicht davor zurückgeschreckt deutliche Konturlinien darzustellen, um den zeichnerischen Charakter des Bildes zu betonen.

Los geht's

Im folgenden Bild siehst du meine Vorzeichnung, die bereits relativ detailliert ist.

Dann kann man mit dem oberen Teil der Zeichnung fortfahren. Zeichne den Himmel und die Wolken so wie du es in einem der vorhergehenden Kapiteln gelernt hast. Gleiches gilt für die Darstellung des Berges. Man kann dabei mit Parallelschraffuren unterschiedlicher Ausrichtung arbeiten.

Unterhalb des Berges erstreckt sich ein Wald. Den weiter entfernten Teil deutet man am besten nur schemenhaft an. Zeichne den Wald relativ dunkel, damit später ein Kontrast zu anderen Bereichen des Bildes entsteht.

Der untere Teil des Waldes hat eine geringere Entfernung zum Betrachter. Daher kann man ihn detailreicher zeichnen. Der Tonwert sollte heller sein als bei dem zuvor gezeichneten Waldstück. Einen dunklen Streifen kann man einbauen, um dem Original treu zu bleiben.

Die Wasseroberfläche des Sees ist ruhig und aus diesem Grund spiegeln sich die Bäume und Felsen in Ufernähe sehr schön im Wasser. Die Spiegelung der ersten Baumreihe kann man noch relativ deutlich darstellen, alles dahinter erscheint immer schwächer und schwächer.

Jetzt folgen die Felsen im Vordergrund, die der Eyecatcher der Zeichnung sind. Verleihe dem Bild hier einen möglichst starken Kontrast. Zeichne die Schattenpartien mit dem dunkelsten Tonwert, der im Bild vorkommt. Dadurch wird der Blick des Betrachters naturgemäß angezogen.

Im letzten Schritt zeichnet man noch die Schlagschatten der Felsen und einen Schatten, der von der linken Seite auf den Boden geworfen wird. Weitere Felsen im Bereich links und unten werden nur durch eine Linienzeichnung angedeutet.

Menschen zeichnen

» Die Kunst gibt nicht das Sichtbare wieder, sondern macht sichtbar. «

- Paul Klee -

11 Menschen zeichnen

Menschen zu zeichnen ist keine leichte Aufgabe. Nicht nur die Anatomie des Menschen, sondern auch die individuellen Charakteristiken des Körpers müssen zeichnerisch dargestellt werden. Will man das Gesicht einer Person zeichnen, verhält sich dies nicht anders. Das Gesicht eines Menschen zu zeichnen ist vielleicht sogar eine der größten Herausforderungen in der bildenden Kunst.

Doch trotz all dieser Schwierigkeiten erfreut sich die Akt- und die Portrait-Zeichnung größter Beliebtheit – auch unter Hobbykünstlern. Einen Menschen zu zeichnen ist einfach eine ganz besondere Herausforderung.

Kopf und Gesicht zeichnen

Viel Künstler sind davon fasziniert andere Menschen und Gesichter zu zeichnen. Bei Zeichenanfänger stellt sich jedoch oft ein gewisses Frustgefühl ein, wenn die Zeichnung nicht so wird wie gewünscht. Das liegt in den meisten Fällen daran, dass ihnen wichtige Grundkenntnisse im Zeichnen von Porträts fehlen. Dabei reichen oft ein paar kleine Tricks, die es beim Zeichnen von Porträts zu beachten gilt.

Wichtig ist, dass man einige Regeln der Proportionen des Kopfs und des Gesichts kennt. Diese Proportionen sind natürlich nicht bei jedem Menschen gleich, daher sind die hier vorgestellten Proportionsregeln vielmehr als Orientierungshilfe beim Zeichnen von Porträts zu verstehen.

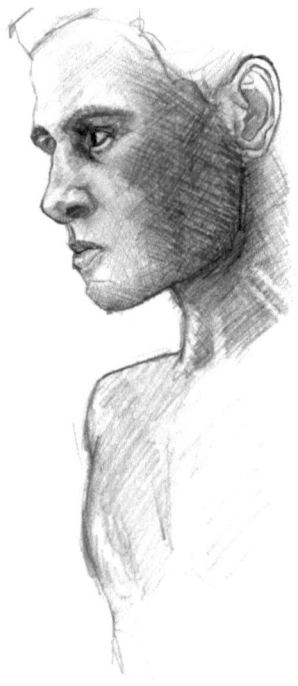

Der Kopf in der Seitenansicht

Die Seitenansicht ist vielleicht etwas einfacher zu zeichnen, als die Frontalansicht. Hier kann man nämlich die Kopfform einfach durch die Kontur des Gesichts zeichnen. Diese charakteristische Kontur kann in der Frontalansicht nur durch Licht und Schatten – bestenfalls über leicht eingezeichnete Linien – dargestellt werden.

Proportionen des Kopfs in der Höhe

In der Porträtzeichnung unten seht Ihr, dass der Kopf der Höhe nach in drei gleichgroße Teile (1 bis 3) und einen kleineren Teil (4) gegliedert ist. Die Teile 1 bis 3 entsprechen je einer Nasenhöhe, Teil 4 entspricht einer halben Nasenhöhe.
Teil 1 erstreckt sich vom Kinn bis zur Nase, Teil 2 ist die Nase selbst – in diesem Bereich liegen auch die Augen - , Teil 3 entspricht der Stirn einschließlich der Augenbrauen und Teil 4 umfasst die Schädeldecke. Die Augen liegen auf der Mittellinie des Kopfes.

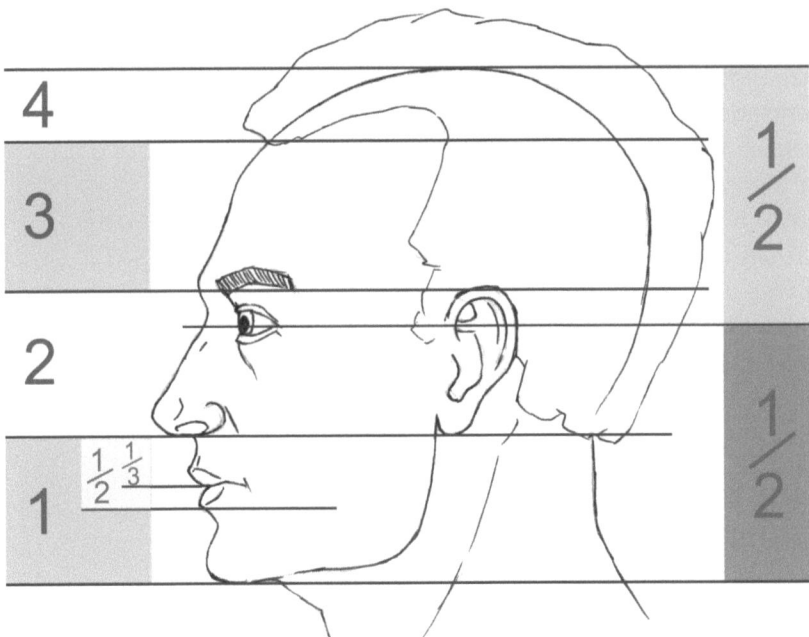

Unterteilung des Kopfes in der Seitenansicht in der Höhe

Ohren

In der Seitenansicht sind auch die Größenverhältnisse der Ohren besser zu erkennen. Sie liegen genau im Bereich von Teil 2 unserer Unterteilung und sind genauso hoch wie dieser.

Lippen

Die Lippen können durch eine weitere Unterteilung vom ersten Grundmaß (Teil 1) proportioniert werden. Der untere Rand der Unterlippe liegt hier auf der Mittellinie des Grundmaßes. Der Mund liegt auf der Linie des oberen Drittels.

Proportionen des Kopfs in der Länge

Der Länge nach kann man den Kopf ebenso in drei große Teile und einen kleineren Teil gliedern. Der kleinere vierte Teil ist der Hinterkopf. Dieses Stück entspricht ungefähr einem halben Grundmaß, ist aber von Mensch zu Mensch unterschiedlich lang. Auf der Linie zwischen dem 2-ten und 3-ten Teil ist der Ansatz des Ohres und der Kiefer. Teil 1 ist der wichtigste Bereich, da er sich von der Nasenspitze bis über die Augen erstreckt. Daher wird er zum Zeichnen des Porträts in der Seitenansicht nochmals in drei Teile unterteilt.

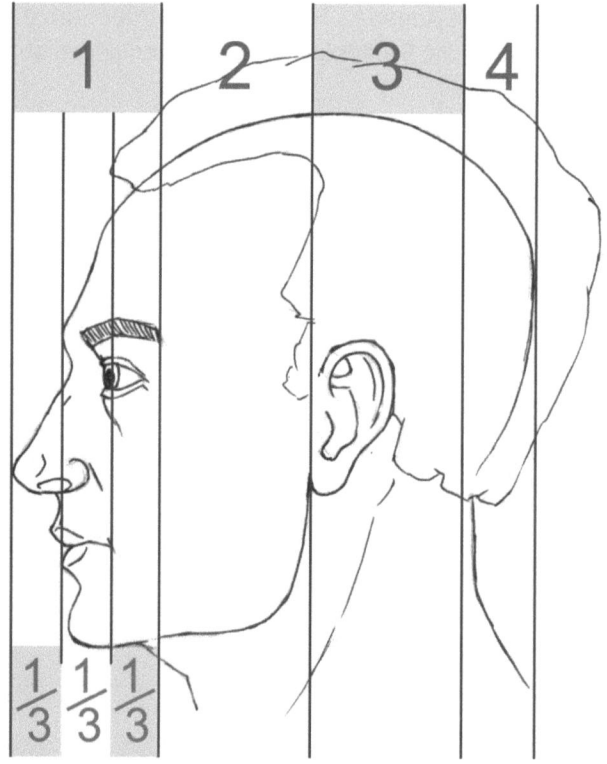

Unterteilung des Kopfes in der Seitenansicht in der Länge

Das erste Drittel (von Teil 1) geht von der Nasenspitze bis zu den Lippen und den Augenbrauen. Diese Linie ist eine sehr nützliche Hilfe beim Porträtzeichnen. Man beachte hier, dass Unterkiefer, Unterlippe und das Kinn etwas nach hinten versetzt sind (gilt für die meisten Menschen, aber nicht für alle). Auf der Abschlusslinie des zweiten Drittel liegt die Pupille. Auf dieser Linie liegt auch der Mundwinkel. Mit der Abschlusslinie des letzten Drittels enden die Augen.

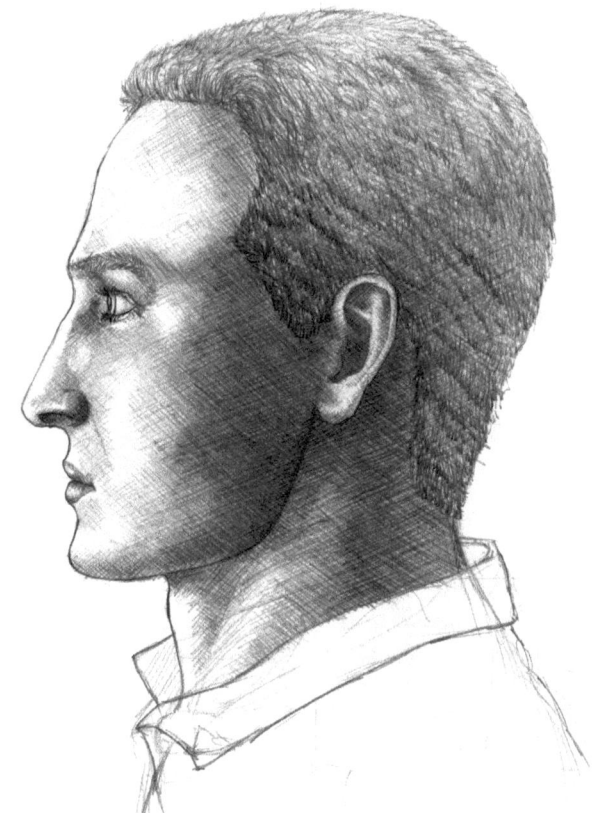

Beispiel für eine Porträtzeichnung in der Seitenansicht

Du kannst dir beim Zeichnen eines Porträts in der Seitenansicht zunächst die Hilfslinien zur Unterteilung einzeichnen. Danach zeichnest du die Konturen des Gesichts. Als letztes kannst du dann die Hilfslinien wegradieren und hast die fertige Porträtzeichnung.

Der Kopf in der Frontalansicht

Betrachten wir nun die Ansicht des Gesichts von vorne. Diese Perspektive ist etwas schwieriger abzubilden als die Seitenansicht – vor allem, wenn man die Charakteristik einer bestimmten Person einfangen will.

Proportionen des Kopfs in der Höhe

Das Gesicht wird hier der Höhe nach in drei gleiche Teile gegliedert, die der Höhe der Nase entsprechen, plus ein viertes Stück, das den Haaransatz darstellt.
Die drei Hauptteile haben also als Grundmaß die Nasenlänge. Der erste Teil ist die Höhe von Kinn bis zu Nase. Der zweite Teil entspricht der Nase, bzw. geht er von der Nasenspitze bis zu den Augenbrauen. Der dritte Teil ist die Stirn. Der vierte, kleinere Teil ist – wie schon geschrieben – der Haaransatz. Er entspricht der Hälfte des Grundmaßes, also einer halben Nasenlänge. Folglich können wir den Kopf der Höhe nach auch in sieben Siebtel unterteilen wie im Bild unten dargestellt ist.

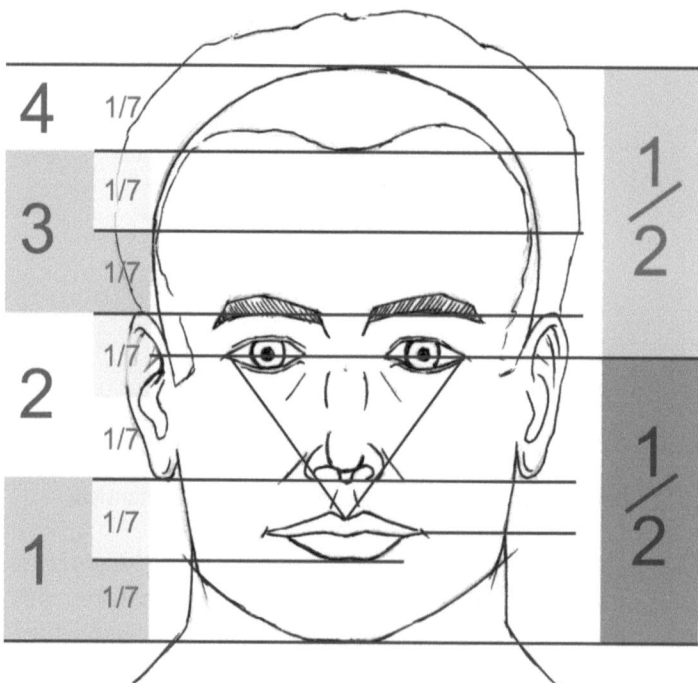

Unterteilung des Kopfes in der Frontalansicht in der Höhe

Proportionen in der Breite

In der Breite geht die Orientierung noch einfacher. Man kann das Gesicht beim Zeichnen in fünf Teile gliedern. Jeder Teil entspricht der Breite eines Auges. Hier begegnen wir gleich zwei sehr typischen Zeichenfehlern, die vielen Anfängern unterlaufen:

1. Der Teil zwischen den Augen ist breiter als man im ersten Ansatz meint. Dieser Teil ist so breit wie ein Auge.

2. Der Bereich seitlich der Augen – also die Schläfen – sind ebenfalls so breit wie ein Auge. Auch dieser Teil wird häufig zu schmal gezeichnet.

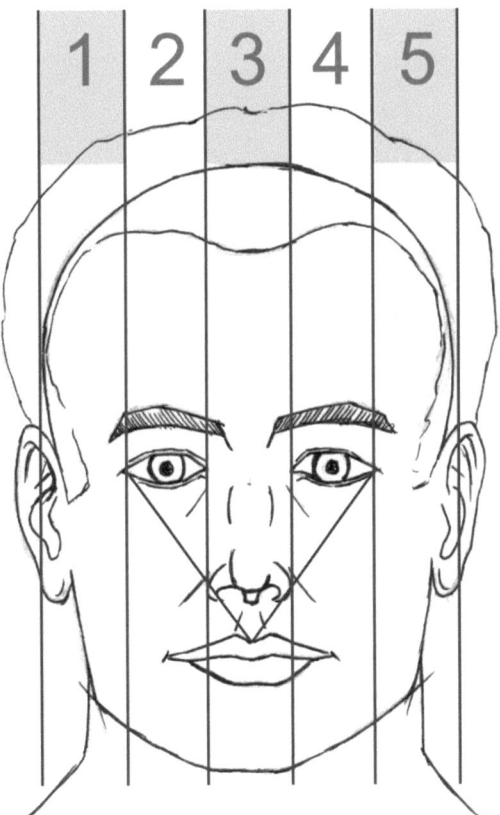

Unterteilung des Kopfes in der Frontalansicht in der Breite

Den menschlichen Körper zeichnen

Eigentlich zeichnet man einen Menschen ja nicht anders als einen Stuhl, einen Hund oder egal was, denn die Grundregel heißt: genau hinsehen, beobachten und sich von seinen eigenen Sinnen nicht täuschen lassen. Oft hilft einem der Trick mit dem Bleistift, den man als Maßstab vor das eigene Auge hält.

Aber es gibt trotzdem eine Menge hilfreiche Tipps und Tricks für das Portraitzeichnen, das Zeichnen von Gesichtern, Menschen und Aktstudien. In dieser Anleitung geht es um das Menschen zeichnen lernen und dabei im Speziellen um die richtige Darstellung der Proportionen des Körpers.

Zeichnung nach eine Gemälde von Michelangelo Buonarroti „Die Erschaffung Adams"

Proportionsregeln

Will man als angehender Hobbykünstler also lernen Menschen zu zeichnen, kann man sich anhand einiger Proportionsregeln des menschlichen Körpers orientieren.

Es ist nur eine Daumenregel, aber man kann für die Zeichnung annehmen, dass ein Mensch in etwa die Höhe von acht Köpfen hat. Die Kopfhöhe dient uns in der Aktmalerei sozusagen als Maßeinheit, um die Proportionen eines Menschen richtig zu zeichnen. Die Maßeinheit Kopf verteilt sich über die Länge eines Menschen wie folgt (siehe hierzu auch das folgende Bild):

1. der Kopf
2. von Kinn bis zu den Brustwarzen
3. von den Brustwarzen bis zum Nabel
4. vom Nabel bis zum Schritt / Schamregion
5. vom Schritt bis zur Mitte der Oberschenkel
6. von dort bis zu knapp unter den Knien
7. von den Knien bis zur Mitte der Unterschenkel
8. von der Unterschenkelmitte bis zu den Fußsohlen

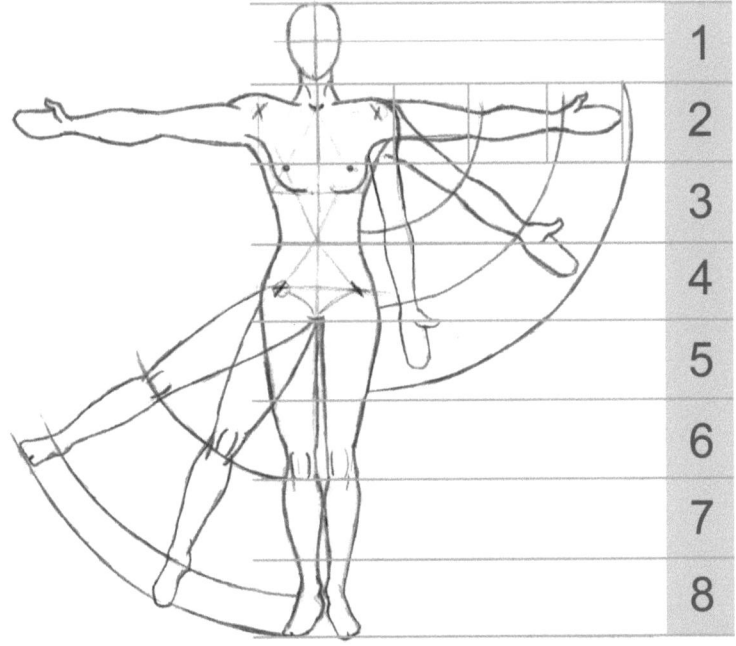

Proportionen in der Breite

Das waren die Körperlängenangaben, kommen wir nun zu den Proportionsregeln, die die Breite des Körpers betreffen:

- Von Schultergelenk zu Schultergelenk = zwei Kopfbreite
- Taille = 2/3 der Schulterbreite
- Mann: Beckenbreite = Breite der Schultergelenke
- Frau: Beckenbreite = Schulterbreite

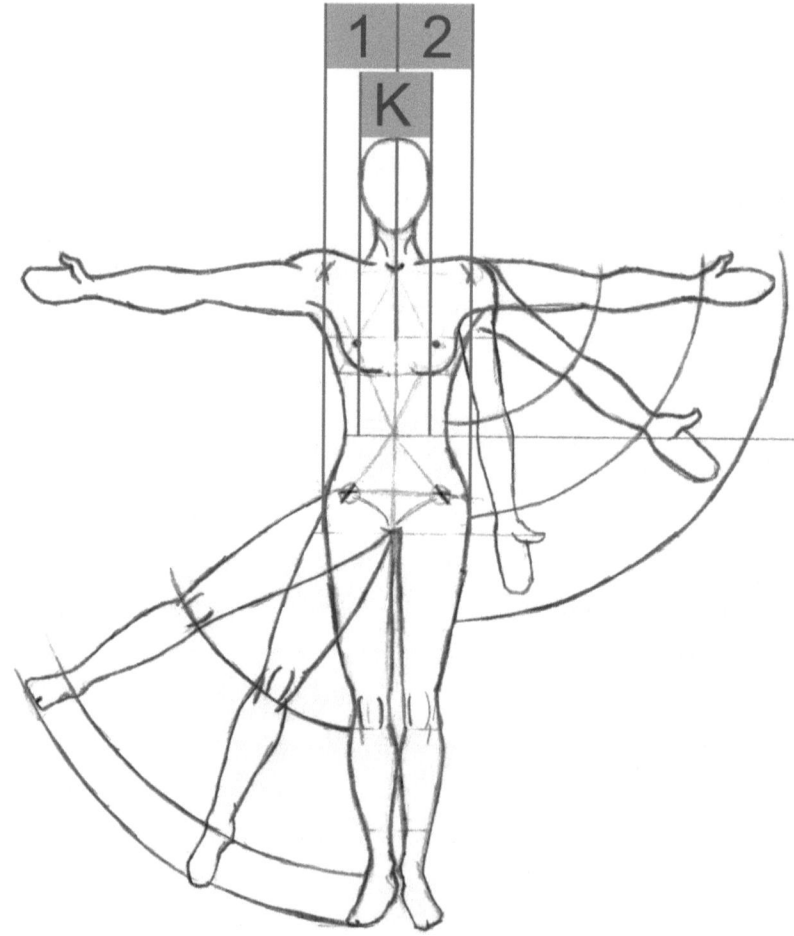

Proportionen in der Breit am Beispiel eines männlichen Körpers

Unterscheidung beim Zeichnen von Mann & Frau

Wer lernen will Menschen zu zeichnen, muss auch lernen die Unterschiede zwischen Mann und Frau wahrzunehmen und richtig zu zeichnen – nicht nur bei Akt-Studien sehr wichtig. Die wichtigsten Proportionsunterschiede beim Zeichnen und Malen sind folgende:

- Frauen haben eine weibliche Brust bzw. Busen
- Die Schultern eines Mannes sind breiter als bei einer Frau
- Das Becken einer Frau ist im Verhältnis zu ihren Schultern breiter als bei einem Mann
- Ein Mann ist in der Regel größer und muskulöser als eine Frau

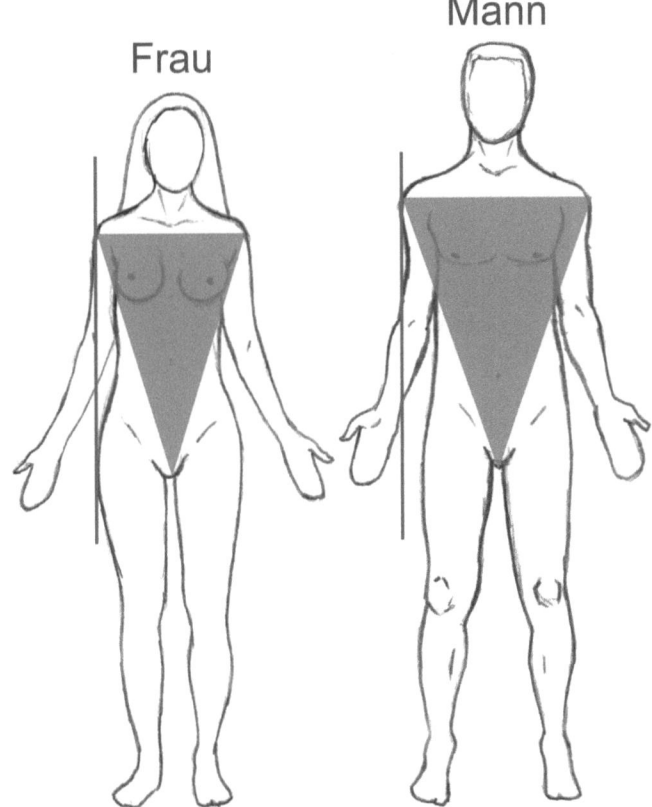

Proportionen: Frau & Mann

Arme zeichnen lernen

Für die Darstellung der Arme kann man ebenso einig Proportionsregeln aufstellen. Den Arm kann man demnach in 4 Teile unterteilen – wie im Bild unten dargestellt. Und so wird die Unterteilung der Proportionen des Armes vorgenommen. Die vier Teile gliedern sich beim ausgestreckten Arm in folgende Armabschnitte:

Teil 1: Breite der Schulter – hier beginnt der Arm

Teil 2: von der Schulter bis zum Ellenbogen

Teil 3: Länge des Unterarms

Teil 4: vom Ende des Unterarms bis zu den ausgestreckten Fingerspitzen

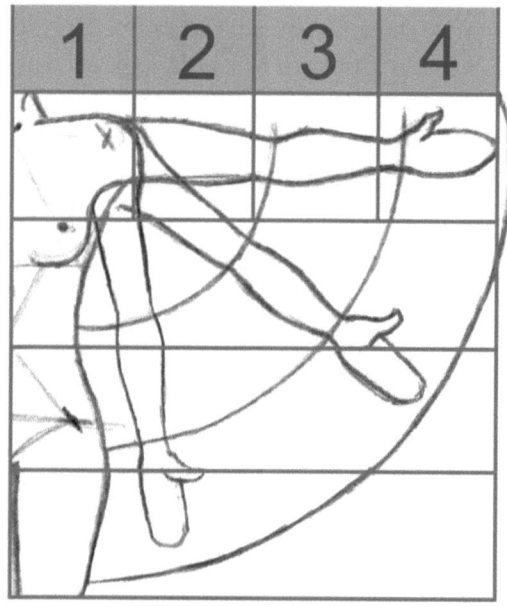

Wenn der Arm am Körper anliegt, kann man sich beim Zeichnen eines Menschen wie folgt orientieren:

- Der Ellenbogen liegt auf einer Linien mit der Taille
- Das Handgelenk ist auf der Höhe des Schritts
- Die ausgestreckten Finger reichen bis ca. zur Mitte des Oberschenkels

Wer tiefer in das Thema Menschen zeichnen lernen oder Aktmalerei einsteigen möchte, sollte sich auch mit dem menschlichen Skelett und dem Muskelaufbau beschäftigen und diese studieren.

Schlusswort

» Die Kunst ist eine Vermittlerin des Unaussprechlichen.«

- Johann Wolfgang von Goethe -

12 Schlusswort

Das war es leider schon! Wir sind am Ende des Buchs und ich hoffe, dass es allen Lesern gefallen und vor allem auch geholfen hat. Sicher ist man nicht bereits mit dem Lesen und Durcharbeiten des Buchs ein perfekter Zeichner, doch das Buch vermittelt schon mal das wichtigste Grundwissen. In den Übungen habe ich versucht nach und nach viele weitere Tipps zu vermitteln, ohne den Anfänger bereits zu Beginn zu überfordern.

Um die eigenen zeichnerischen Fähigkeiten weiter zu verbessern, bedarf es jetzt vor allem sehr viel Übung. Einige Inspirationen wirst du in den Übungen und Lektionen dieses Buchs bereits erhalten haben. Mein Tipp ist nun: Zeichne weiter Motive, die Dir gefallen und Spaß machen – der Rest kommt dann von ganz alleine.

Wenn Du Dich bereit für neue Herausforderungen fühlst, kannst Du tiefer in ein bestimmtes Thema einsteigen und im Zuge dessen vielleicht auch ein entsprechendes Buch oder eBook kaufen. Besonders beliebt sind Themen wie Portraits, Menschen, Tiere, Stillleben und Landschaften.

Außerdem kannst Du mich auf einer meiner Websites besuchen! Dort findest Du weitere Anleitungen zum Thema *Malen und Zeichnen lernen* und viele meiner eigenen Bilder:

http://www.kunstkurs-online.de
http://zeichnen-lernen.markus-agerer.de
http://www.markus-agerer.de/

Für Verbesserungsvorschläge, Kritik und Feedback: markus-agerer@web.de

Danke und Grüße an alle Leser und alle, die mich bei der Erstellung meines Buchs unterstützt haben!

Markus Agerer

Weitere Bücher von Markus Agerer

Landschaften Zeichnen Lernen
Grundlagen, Gestaltung und Übungen

Perspektive & Raum zeichnen
Die Grundlagen des perspektivischen Zeichnens

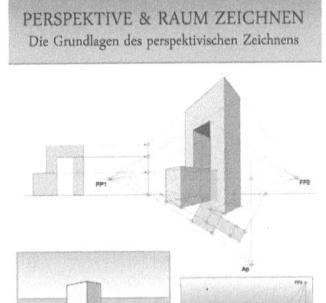

Bildgestaltung Zeichnen
Gestaltung & Komposition von Zeichnungen

Stillleben Zeichnen
Technik, Gestaltung und Übung

13 Quellen

Bücher:

"Underweysung der Messung mit dem Zirckel und Richtscheyt"
Albrecht Dürer der Jüngere; Nürnberg 1525

„Perspektivisch Zeichnen"
Grundlagen zur Darstellung des dreidimensionalen Raums
Autor: Gernot Störzbach;
Verlag: Christophorus Verlag GmbH & Co. KG., Freiburg

„Leonardo da Vinci. Sämtliche Gemälde und Zeichnungen"
Autor: von Johannes Nathan (Autor), Frank Zöllner (Autor);
Verlag: TASCHEN Deutschland GmbH

Internet:

http://www.kunstkurs-online.de

http://zeichnen-lernen.markus-agerer.de

http://www.wikipedia.org

http://www.pharmawiki.ch/perspektive